新时代焦裕禄精神的传承与弘扬系列丛书

您好焦裕禄

纪念焦裕禄同志逝世60周年

河南焦裕禄干部学院 编著

中国国际广播出版社

念奴娇·追思焦裕禄

中夜，读《人民呼唤焦裕禄》一文，是时霁月如银，文思萦系……

魂飞万里，盼归来，此水此山此地。百姓谁不爱好官？把泪焦桐成雨。[①]生也沙丘，死也沙丘，父老生死系。[②]暮雪朝霜，毋改英雄意气！

依然月明如昔，思君夜夜，肝胆长如洗。路漫漫其修远矣，两袖清风来去。为官一任，造福一方，遂了平生意。绿我涓滴，会它千顷澄碧。

——习近平

（原载于一九九〇年七月十六日《福州晚报》）

注：

① 焦裕禄当年为了防风固沙，帮助农民摆脱贫困，提倡种植泡桐。如今，兰考泡桐如海，焦裕禄当年亲手栽下的幼桐已长成合抱大树，人们亲切地叫它『焦桐』。

② 焦裕禄临终前说：『我死后只有一个要求，要求党组织把我运回兰考，埋在沙丘上。活着我没有治好沙丘，死了也要看着你们把沙丘治好！』

序一

焦裕禄同志是县委书记的榜样，也是全党的榜样。焦裕禄精神作为中国共产党人精神谱系的重要组成部分，生动体现着好干部的标准、奋斗者的价值，跨越时空，历久弥新。从“五个方面”到“四种内涵”，从“一座永不磨灭的丰碑”到“强大正能量”，习近平总书记多次提炼焦裕禄精神的核心特质，不断赋予焦裕禄精神新的时代价值和内涵，为传承和弘扬焦裕禄精神指明了方向和路径。

伟大事业孕育伟大精神，伟大精神引领伟大事业。习近平同志强调，无论过去、现在还是将来，焦裕禄精神都是鼓舞我们艰苦奋斗、执政为民的强大思想动力，都是激励我们求真务实、开拓进取的宝贵精神财富，永远不会过时。《您好焦裕禄》以新时代焦裕禄精神的传承与弘扬为主线，阐述焦裕禄精神在新时代新征程中的价值和意义，将对广大党员干部学习弘扬焦裕禄精神有所帮助，为培养造就政治过硬的高素质干部队伍、奋力推进中国式现代化建设提供澎湃的精神动力。

高建军

中共开封市委书记、河南焦裕禄干部学院院长

2024年4月28日

序二

一个永被铭记的时代楷模，一种永不褪色的时代精神。斯人虽已逝，福泽荫后人。60年过去了，焦裕禄这个化作巍巍丰碑而存在的名字，一刻也没有在我们记忆中淡忘过。在兰考的泡桐林里，在九曲百转的黄河岸边，在麦浪滚滚的中原大地，在每名共产党员的灵魂深处，都有焦裕禄的英名在回响。这回响穿越时空，直抵人心；这回响萦绕思绪，荡气回肠。这回响，也曾让习近平总书记“魂飞万里，盼归来”，感念深厚、念兹在兹，最终化为“路漫漫其修远矣，两袖清风来去”的深厚情结和“为官一任，造福一方”的使命担当。循着这回响，焦裕禄英雄的身姿仿佛又在眼前。

一直以来，习近平总书记都把焦裕禄的这个“精神坐标”立得很高，要求全党结合新的实际大力学习弘扬焦裕禄精神。要把焦裕禄精神作为一面镜子、一盏明灯、一条红线，党员干部在干事创业过程中要用这面镜子深入对照、借这盏明灯聚力前行、让这条红线贯穿始终。焦裕禄同志是中国共产党和新中国历史上值得被铭记的一位好干部，他的忠诚、信念、担当和奉献精神，成为一个历史时代共产党人的精神楷模。而今，在以中国式现代化全面推进中华民族伟大复兴的新征程上，焦裕禄精神正焕发出新的光彩，激励着广大党员干部，追随着他的足迹，踔厉奋发、勇毅前行，继续谱写中华民族伟大复兴的光辉新篇章。

党的二十大报告提出，要弘扬以伟大建党精神为源头的中国共产党人精神谱系，用好红色资源，传承红色基因，赓续红色血脉。焦裕禄精神作为中国共产党人精神谱系的重要组成部分，集中展现了共产党人的精神特质和价值追求，既是对优秀县委书记和共产党员的注解，也是对新时代好干部标准的最好诠释。“我们是人民的勤务员”“先顾吃饭，再顾好看”“干部不领，水牛掉井”“革命者要在困难面前逞英雄”“朴素的土气，就是革命的正气”……这些朴实的话语，写就的是焦裕禄为民务实清廉的优秀品格和崇高风范。党员干部学习焦裕禄精神，反躬自省、见贤思齐，就有了“心中有党、心中有民、心中有责、心中有戒”的标杆、样板。

作为宣传弘扬焦裕禄精神的主阵地，焦裕禄干部学院为大力弘扬焦裕禄精神，更好地发挥焦裕禄精神立德树人、培根铸魂的作用，积极推进教学改革，创新教学方式，运用新媒体技术打造了集感观视听、角色扮演、情景模拟、感悟提升于一体的《您好　焦裕禄》沉浸式党性教育课程，通过把学员“代进来”“沉下去”，使课堂“动”起来、“活”起来，集中展现焦裕禄的工作方法、领导艺术、为民情怀和高尚情操，这就把焦裕禄精神讲活了，让焦裕禄精神能够真正入脑、入心，也为提升党性教育课的效果开辟了新的路径。

2024年是焦裕禄同志逝世60周年，焦裕禄干部学院以全国首创的《您好　焦裕禄》沉浸式党性教育课程为脚本，编写此书，作为纪念，以飨读者。本书坚持理论与实际相结合、历史与现实相贯通，通过理论阐释、历史回顾、现实比照，对焦裕禄精神作了一些全新的解读和阐发，为党员干部深学、细照、笃行焦裕禄精神提供一本有历史厚重感和鲜活时代气息的参考读物。

王成志

中共中央党校（国家行政学院）原副教育长

2024年3月14日

目录

第一章

永不磨灭的丰碑

逝世时连个标准像都没有，但他的样子所有人都记得！在百姓心窝里扎根的人，身体殁了，精神还活着。焦裕禄，这个永不褪色的名字，如一座丰碑，矗立在中国大地，矗立在亿万百姓心中，他的精神将长盛不减衰，长青不改色。越是在我们党面临重大历史任务的关头，越是需要我们的干部队伍进行整顿和淬炼，呼唤焦裕禄的激越之情，就像江河大海的波涛，潮涌澎湃、奔腾向前。

第一节　泡桐花开

时序进入四月天，已是暮春，多数花儿都凋谢了，初见鲜嫩的果实，泡桐仿佛刚从睡梦中醒来，摇曳身姿，开出一串串粉紫色的花朵，直到挂满枝头。泡桐的花形简单，像一只只小喇叭，花朵紫中带白。花儿密密匝匝地往下簇拥着，重叠在一起，风一吹过，就簌簌作响。煦暖的春日，县城里凡是种泡桐的地方，都披上了一层淡紫色的柔纱。这时你往树下看，总能发现那些无忧无虑的孩童在春天里嬉闹，捡起一片片花瓣，传来一阵阵欢声笑语。

阳光筛过树影，风起时，片片花瓣随风飘散，仿佛默诉着这棵泡桐的风雨沧桑。半个多世纪前，焦裕禄带领兰考人民与风沙、内涝和盐碱“三害”抗争，在兰考这片贫瘠的土地上，种下棵棵泡桐幼苗，也撒播下千顷澄碧的希望。

泡桐是一种文化渊源悠深的树种。最早见《诗经·大雅·卷阿》：“凤凰鸣矣，于彼高冈。梧桐生矣，于彼朝阳。”描述了凤凰和鸣，歌声飘飞山冈；梧桐疯长，身披灿烂朝阳。显而易见，它是一种不平凡的树，喻意了高洁美好。

泡桐树在我国的栽种历史也非常悠久，《诗经》中“椅桐梓漆，爰伐琴瑟”中的“桐”，就是泡桐。桐花，又被称为清明之花，暮春之花。白居易就曾写下“忽见紫桐花怅望，下邽明日是清明。”李时珍《本草纲目·木部·桐》也记载过“桐华成筒，故谓之桐。其材轻虚，色白而有绮纹，故俗谓之白桐、泡桐，古谓之椅桐也”。

泡桐树属于落叶乔木，耐旱型的阳性树种，适宜生长在通气性好的沙地，由于它的根系发达，具有很好的防风固沙功能。泡桐树生长速度快，

焦裕禄

一般三到五年便可成材，还不和农作物争夺水、光、温、气和养分，但全身是宝。根，防风固沙；躯干，用作板材；枝杈，粉碎后做胶合板；叶子和花，完成绿化环境的使命，还被收集起来做有机肥。

肩披外套，双手叉腰，炯炯有神目视远方，背后斜伸出一片桐树叶，这是一张广为流传的焦裕禄的照片，场景里那棵未露全貌的泡桐，正是焦裕禄亲手栽种的。后来，兰考人民把这棵泡桐亲切地称为“焦桐”。

2024年元旦，6时许，80多岁的魏善民蹬着清洁车，又一次来到“焦桐”旁，一起来打扫的还有他的三儿子魏要起。仰望着这棵枝繁叶茂的“焦桐”，魏善民感慨，从父辈手中接过守护的责任已有几十年，下一辈也该接上班的，这也是一种传承。

1964年5月14日，焦裕禄因病离世，这棵“未成年”的泡桐便成了兰考人对焦书记的念想。为了这份念想，魏宪堂老先生义务管护着“焦桐”多年，直到管不动了，才把“焦桐”嘱托给他的家人管护：“焦书记是好人，这是他留下的根。你是党员，一定把它管护好！”当年的小树苗如今已长成需3人合抱的参天大树，而后魏善民也像照顾自己的亲人一样照顾了“焦桐”几十年，无论风雨，不论暑冬，坚持每天都来看护它，为它打扫落叶、浇水、施肥，和它一起迎来日出。他用手抚摸“焦桐”树干的时候，仿佛在跟老朋友交流，在他的眼中，“焦桐”不仅仅是一棵树，更是焦裕禄精神的象征，是兰考人民的骄傲。“要是焦书记还活着，看见这棵现在几人都抱不过来的树，不知道得多高兴。……”老人不停地念叨着。时光荏苒，魏善民虽然年事已高，但他对“焦桐”的守护从未松懈。他说：“我的生命与‘焦桐’紧密相连，我会一直守护它，直到生命的最后一刻。”

扎根土地，方能根深叶茂；扎根人民，才能万古长青。“焦桐”寄托着兰考人对焦裕禄的怀念，老人守护的不仅仅是一棵枝繁叶茂的泡桐树，更是一座深植于兰考人心中的精神丰碑。

当年焦裕禄带领大家种植的泡桐如今已蔚然成林，据统计，在兰考县种植的泡桐超过了600万株。泡桐树的广泛种植，不仅让兰考的自然环境

魏善民老人守护“焦桐”（焦裕禄干部学院 蔡坤龙摄）

焕然一新，还让兰考走上了致富之路。泡桐具有传导性好、质量轻、纹理美观等优点，是制作古筝、琵琶、古琴音板的绝佳材料。有人算过一笔账，种植1立方米的泡桐成本在1000元左右，而用泡桐做出的古筝，最高可以卖到2万多元！同时，泡桐材质轻、韧性好，不仅隔热而且防潮，易于加工，非常适合用来做家具，例如床板、衬板以及隔音板，兰考县借此大力发展家居产业，全县的家居企业达到了1000余家，创造了超过500亿元产值！泡桐树不但造就了一大批木材厂和家具厂，还养活了当地200多家乐器厂商，每年还会有大量的产品出口海外，带来非常可观的收益。兰考因泡桐而走向富裕，这就是大家所说的“泡桐经济”。泡桐树从以前的“救灾树”变成了现在的“摇钱树”，见证着新时代兰考的巨变。

焦裕禄当年亲手种的泡桐，如今已长成大树，后人称之为“焦桐”（焦裕禄干部学院　李广通摄）

第二节 念兹在兹

1990年7月15日，时任福州市委书记的习近平，在读了《人民呼唤焦裕禄》一文后，心潮澎湃，当即填写了《念奴娇·追思焦裕禄》一阕，并发表在7月16日的《福州晚报》上。

中夜，读《人民呼唤焦裕禄》一文，是时霁月如银，文思萦系……

魂飞万里，盼归来，此水此山此地。百姓谁不爱好官？把泪焦桐成雨。生也沙丘，死也沙丘，父老生死系。暮雪朝霜，毋改英雄意气！

依然月明如昔，思君夜夜，肝胆长如洗。路漫漫其修远矣，两袖清风来去。为官一任，造福一方，遂了平生意。绿我涓滴，会它千顷澄碧。

一九九〇·七·十五

不管身处何时，品读这篇词作，总能感受到其中蕴含的对焦裕禄刻骨铭心的怀念及无私精神的礼赞，这种文字艺术的感染力丝毫不因岁月流逝而消减，清新亲切、沁人心脾。细细品味，不仅可以从习近平饱含深情、气势磅礴的词作中感悟为民务实清廉的好干部形象，而且可以从中体悟中国共产党人的拳拳初心和斗争品格。

为什么习近平对焦裕禄同志念兹在兹、情有独钟呢？1966年2月7日，穆青、冯健和周原在《人民日报》头版发表了长篇通讯《县委书记的榜样——焦裕禄》。那一年，习近平13岁，正在上初中一年级。据他回忆，政治课上，当老师读到这篇报道时，念着念着就哽咽了，一度讲不下去，捂着眼

1966年2月7日，《人民日报》头版《县委书记的榜样——焦裕禄》

睛抽泣。“特别是讲到焦裕禄肝癌最严重时把藤椅给顶破了，我听了很受震撼。”那是他第一次听到焦裕禄的事迹。习近平说：“我们这一代人都深受焦裕禄精神的影响，是在焦裕禄事迹教育下成长的。我后来无论是上山下乡、上大学、参军入伍，还是做领导工作，焦裕禄同志的形象一直在我心中。”不光是在福州，他在浙江主政时，也一直号召学习焦裕禄这个典型，他在《浙江日报·之江新语》专栏中写道：“学习焦裕禄，就要学习他勤政为民、艰苦奋斗的创业精神。”

斗转星移，岁月更替，不变的是习近平的焦裕禄情结愈发深厚。

从下乡知青，到大国领袖，焦裕禄这个榜样始终萦绕在习近平的心头。他曾先后三次来到兰考，六次系统总结阐述焦裕禄精神的内涵和价值，从“五个方面”到“四种内涵”，从“四有”到“四种人”，从“三股劲”到“一条红线”“一盏明灯”，他多次号召全党上下深学细照笃行焦裕禄精神，把焦裕禄精神作为一面镜子，从里到外，从上到下对照、查摆、看齐。

2009年4月1日，时任国家副主席的习近平到兰考视察时直抒胸臆：“今天我终于如愿以偿来到兰考，实地感受老一代共产党人的崇高风范，我心情很激动、很不平静，很受教育、很受启发也很受鼓舞，深感在新时期广大党员干部更要加强党性修养，转变工作作风。”清明节前夕的兰考春意盎然，习近平怀着敬仰的心情前来拜谒焦裕禄烈士陵墓，参观焦裕禄同志纪念馆，到焦家小院看望焦裕禄同志的子女和亲属，随后瞻仰了“焦桐”，并在不远处亲自植苗、培土、浇水，栽下了一棵小泡桐苗。如今，习近平栽下的这棵小泡桐苗已郁郁葱葱，同“焦桐”遥相呼应，传递着共产党人一脉相承的为民情怀，也代表着生生不息的焦裕禄精神在神州大地永远传承、永放光芒。

2009年4月，习近平视察兰考时种下的一棵泡桐树（焦裕禄干部学院　蔡坤龙摄）

第三节 生生不息

斯人已逝，精神永存。习近平总书记强调，焦裕禄同志是人民的好公仆，是县委书记的榜样，也是全党的榜样。形成于河南兰考的焦裕禄精神，过去是、现在是、将来仍然是我们党的宝贵精神财富。焦裕禄在兰考无我、忘我、舍我的475天，42年的短暂生命，化作永不磨灭的珍贵记忆，树起一座高山仰止的巍峨丰碑，凝聚成至今仍然熠熠生辉的精神坐标，长存于天地之间。焦裕禄精神的价值意蕴已成为新时代催人奋进的强大动力和永不过时的宝贵精神财富。

一、焦裕禄精神与“六个必须坚持”高度契合

在党的二十大报告中，习近平总书记从必须坚持人民至上、必须坚持自信自立、必须坚持守正创新、必须坚持问题导向、必须坚持系统观念、必须坚持胸怀天下六个方面对新时代中国特色社会主义思想的世界观和方法论以及贯穿其中的立场观点方法作出新的概括和阐述。可以说，焦裕禄精神与“六个必须坚持”具有高度的内在契合性。

焦裕禄“心中装着全体人民、唯独没有他自己”，充分体现了“坚持人民至上”的根本价值取向。坚持以人民为中心的发展思想，体现了党的理想信念、性质宗旨、初心使命，也是对党的奋斗历程和实践经验的深刻总结。焦裕禄始终牢牢植根人民群众，紧紧依靠人民群众、不断造福人民群众。为了让饱受“三害”折磨的兰考人民过上好日子，焦裕禄在兰考的475个日夜无时无刻不想着人民群众，并用自己的实际行动诠释了中国共产党人一心为民的公仆情怀。他不仅在群众最困难的时候出现在群众的面前，

而且经常在群众最需要帮助的时候去关心群众、帮助群众。并把自己当作群众的一员，把老百姓当作衣食父母，从而赢得群众发自内心的信任和拥护。

焦裕禄“不改变兰考的面貌，我决不离开这里”的铮铮誓言，突出彰显了“坚持自信自立”的精神特质。坚持自信自立，体现了习近平新时代中国特色社会主义思想独立自主的探索与实践精神，彰显了高度的理论自信和主动的实践自觉，是我们党始终具有创新创造能力、不断取得胜利的关键密码。焦裕禄到当时河南最苦、最穷、最难的兰考县上任前，党组织和他谈话，要他在思想上做好经受最严峻考验的准备，他明确表态：“感谢党把我派到最困难的地方，越是困难的地方，越能锻炼人。请组织上放心，不改变兰考的面貌，我决不离开这里。”焦裕禄这种自信自立源自他对党的忠诚，源自多个地方和岗位的锻炼。

焦裕禄坚信“吃别人嚼过的馍没味道”，充分体现了“坚持守正创新”的辩证统一。坚持守正创新是习近平新时代中国特色社会主义思想的理论品格，也是焦裕禄科学求实的工作作风。无论是在洛阳矿山机器厂工作期间还是在兰考治理“三害”的过程中，焦裕禄都始终坚持从实际出发，凡事探求就里，守正创新。在兰考任职短短一年多的时间里，焦裕禄对全县149个生产大队中的120多个进行调查走访，获得大量一手资料。借助老农的经验，经过科学探讨和论证，通过植树造林解决风沙灾害问题，终于找到治理“三害”的有效措施。他之所以能在很短的时间里带领兰考人民在治理“三害”上取得显著成效，最根本的一点就在于他明察实情、遵循规律、科学治理。

焦裕禄在兰考治理“三害”问题的历程，彰显出鲜明的问题导向。焦裕禄在兰考工作期间，以强烈的问题意识从治理“三害”着手，很快找到影响到兰考经济社会发展的根本性问题。不仅找到内涝、风沙、盐碱等影响兰考经济社会发展的自然因素，而且找到领导思想状况、干部精神状态等影响兰考发展的社会因素。在治理“三害”的过程中，焦裕禄始终坚持将问题导向贯穿始终，并在深入调研中观察问题、发现问题、思考问题和分析问题。1963年8月至11月，焦裕禄带领除“三害”调查队跋涉2500多公里，一路查风口、探流沙，观察洪水流势和变化，终于找到了“三害”形成的主要原因。他迎难而上，针对不同的问题采取不同的方法和措施进行分类解决。正是因为焦裕禄在工作中始终坚持问题导向，在真抓实干中发现问题、分析问题和解决问题，并对兰考县发展过程中面临的各种问题开出良方，使得兰考县的面貌发生了深刻变化。

焦裕禄在兰考从整体上治理，是坚持系统观念治理县域的典型示范。坚持系统观念是习近平新时代中国特色社会主义思想的基本工作方法。县域治理本身就是一个涵盖政治、经济、文化、教育社会、生态、党的建设等方方面面的系统工程。焦裕禄在兰考通过治理“三害”解决制约兰考经济社会发展的堵点难点，通过制定“十不准”规范党员干部队伍建设，以严格家风带动党风，等等。在解决这些问题的过程中无不体现了焦裕禄的系统观念。

焦裕禄“敢教日月换新天”的大无畏精神，折射出强烈的胸怀天下理念。作为县委书记，他虽然身处一域，却心怀“国之大者”，他既有超越“自我”、舍弃“小我”、追求“大我”的价值信念支撑，又有“国而忘家，公而忘私”的情感浇灌，还有“落后就要挨打”的民族复兴使命驱动。焦裕禄在处理与曹县的水患问题时曾说，不论是华东局还是中南局，我们都应该服从社会主义全局；不论曹县还是兰考县，都是在党领导下的兄弟县。不谋全局者不足以谋一域，不谋万世者不足以谋一时。焦裕禄不仅在处理问题上善决策、敢拍板，处理超出兰考县域之外的棘手问题时，也展现出很强的大局意识和灵活的协调能力。如今，改革进入深水区，摆在我们面前的任务都是难啃的“硬骨头”。在这种形势下，党员干部更要心怀天下，增强大局观念，明确奋斗目标，激发无穷潜力，以良好的精神状态，全心全意为人民服务。既立足中国大地寻找解决中国问题的方案，又拓展世界眼光，洞察人类发展进步潮流，积极回应各国人民普遍关切，以海纳百川的宽阔胸襟借鉴吸收人类一切优秀文明成果，为解决人类面临的共同问题提供新思路、新方案。

二、弘扬焦裕禄精神，时刻领悟“三个务必”的科学内涵

习近平总书记在党的二十大报告中发出“全党同志务必不忘初心、牢记使命，务必谦虚谨慎、艰苦奋斗，务必敢于斗争、善于斗争”的号召，为我们走好新的“赶考”之路提供了思想遵循和行动指南。焦裕禄精神是对伟大建党精神的继承和发扬，是“三个务必”丰富内涵的真实写照，与“三个务必”具有同频共振的契合性。

弘扬焦裕禄精神，务必不忘初心、牢记使命。不忘初心方能行稳致远，牢记使命才能开辟未来。焦裕禄同志以自己的实际行动塑造了一个优秀共产党员和优秀县委书记的光辉形象，他怀揣一颗赤子之心，在浴血奋战中积极向党组织靠拢；他坚决响应党的号召，义无反顾地投入工业建设；他时刻听从组织安排，拖着病躯毅然只身赶赴兰考，用责任和担当践行着一个共产党员的初心和使命。焦裕禄精神在宗旨理念上与党的初心使命高度契合。

弘扬焦裕禄精神，务必谦虚谨慎、艰苦奋斗。谦虚谨慎、艰苦奋斗是中国共产党的优良作风，也是中国革命建设改革事业发展的成功经验，也是焦裕禄精神的重要内涵。出生贫苦、历经磨难，使得焦裕禄更加明白奋斗的重要性，无论是在尉氏、洛矿，还是在兰考，他始终将艰苦奋斗、务实笃行作为自己的人生信条和做事准则，在带领人民群众苦干实干、攻坚克难中一以贯之。在焦裕禄看来，做事只要沉下心、钻进去，外行也可以变内行。从“拉牛尾巴”的门外汉到工业战线的“红旗手”，从初出茅庐的青涩干部到有成熟治理经验的地方领导干部，焦裕禄始终保持集聚群智、持续学习、克勤克俭的优秀品格。

弘扬焦裕禄精神，务必敢于斗争、善于斗争。敢于斗争、善于斗争，既是我们自强不息民族精神最重要的内核和最直观的体现，更是中国共产党人鲜明政治品格和无畏英雄气概的真实展现。焦裕禄堪称敢于斗争、善于斗争的光辉典范。面对土匪恶霸，他英勇斗争，机智制敌；面对技术难题，他勇于承担研制新中国第一台2.5米双筒提升机的艰巨任务；面对“三害”肆虐，他说：“坚决领导全县人民，苦战三五年，改变兰考的面貌。不达目的，我们死不瞑目。”敢想敢干、善作善成，焦裕禄身上体现的是中国共产党人逆势而上的豪情和壮志、顺势而为的信心和决心。新时代新征程，弘扬焦裕禄精神，我们始终要把“三个务必”铭记于心、践之于行，保持永不懈怠的“赶考”状态，在劈波斩浪中展现新担当，在攻坚克难中创造新业绩。

三、弘扬焦裕禄精神，牢牢把握“两个结合”的价值意蕴

习近平总书记创造性提出“两个结合”，即“坚持把马克思主义基本原理同中国具体实际相结合、同中华优秀传统文化相结合”。焦裕禄是马克思主义的忠实践行者，马克思主义是焦裕禄精神形成的理论基础。同时，焦裕禄是中华优秀传统文化的传承弘扬者，优秀传统文化是焦裕禄精神的形成的文化渊源。弘扬焦裕禄精神，不仅要深刻把握其中蕴含的马克思主义品质，而且要深刻领会其中蕴含的中华优秀传统文化精华。

弘扬焦裕禄精神，深刻把握其蕴含的马克思主义品质。焦裕禄精神蕴含丰富的马克思主义科学内涵。历史川流不息，精神代代相传，焦裕禄精神随着时代发展不断被赋予新的内涵，但其所蕴含的马克思主义品质即科学性、人民性、实践性、革命性却始终贯穿整个发展过程。42年风雨兼程，42年砥砺前行，在革命战争、土地改革、工业建设、地方治理中留下了焦裕禄为党奉献、为民服务的光辉一生的印记，更凸显了马克思主义者的精

神品质和时代风范。随着时代发展，焦裕禄精神不断被赋予新的内涵，但其所蕴含的马克思主义品质却始终贯穿整个发展过程。

弘扬焦裕禄精神，要厚植中华优秀传统文化。“江河万里总有源，树高千尺也有根”。任何一种思想文化的出现都不会是无源之水、无本之木。焦裕禄出生在孔孟之乡的山东淄博。修身、行仁、孝为先、民为本等齐鲁优秀传统文化思想通过家风、乡风、乡土教育等多种方式影响哺育着焦裕禄，为焦裕禄精神的孕育形成提供了丰富的养料。作为一种文化精神，焦裕禄精神所蕴含的跨越时空的强大精神之力，在中华优秀传统文化的土壤中生长，同中华优秀传统文化血脉相承。焦裕禄精神继承了“仁者爱人”“清廉自守”“修身齐家治国平天下”等优秀传统文化，传承了勤俭节约、艰苦朴素的传统美德，是中国共产党和中华民族的宝贵精神财富，彰显了社会主义核心价值观，在党的建设、领导家风建设等方面发挥着不可估量的作用。为此，要在传承弘扬焦裕禄精神的过程中，深入挖掘和阐发中华优秀传统文化“讲仁爱、重民本、守诚信、崇正义、尚和合、求大同”的时代价值，让中华民族最基本的文化基因与中国式现代化建设相适应、与经济社会发展相协调。

弘扬焦裕禄精神，要始终紧扣时代脉搏。当前，我国正处在改革攻坚期、发展关键期和矛盾凸显期，经济体制正在发生深刻变革，社会结构正在发生深刻变动，利益格局正在发生深刻调整，生活方式正在发生深刻变化，人们的价值判断和行为选择呈现多样化的特点。但是无论时代如何发展变化，弘扬焦裕禄精神和社会主义核心价值观的主流思想不能变、不能丢。为此，要结合新的时代特点，深入基层察实情、问民生、谋发展，将传承弘扬焦裕禄精神作为坚决贯彻党中央决策部署的一条红线，立足时代之基，回答时代之问，不断赋予其新的时代内涵、时代特色、时代风采，为中国特色社会主义建设事业凝聚强大精神力量。

在国家发展、民族振兴的征程上，要继续学习和弘扬焦裕禄精神，认真领悟其所彰显的马克思主义哲理，深刻把握“两个结合”所蕴含的丰富而深刻的思想内涵，增强焦裕禄精神的理论说服力、实践改造力和价值引领力，为党和人民的伟大事业提供持续奋发的精神助推器。

四、弘扬焦裕禄精神，助力中国式现代化建设的伟大实践

伟大的时代呼唤伟大的精神，崇高事业需要榜样引领。焦裕禄精神跨越时空，历久弥新，在中国式现代化建设进程中为党的建设、高质量发展和高素质干部队伍的建设提供了源源不断的智慧和力量。

弘扬焦裕禄精神，是推进新时代党的建设的需要。党的建设关系着中国式现代化的根本方向、前途命运、最终成败，要以中国式现代化全面推进中华民族伟大复兴，就要把党建设得更加坚强有力。焦裕禄一生严守党纪党规、保持高度自律，从不利用手中权力为自己、子女和亲属谋取任何好处，这种清正廉洁、不谋一己之私的优良作风值得广大党员干部细照笃行。传承弘扬焦裕禄精神，就要深学、细照、笃行焦裕禄“心中装着全体人民、唯独没有他自己”的公仆情怀，凡事探求就里、“吃别人嚼过的馍没味道”的求实作风，“敢教日月换新天”、“革命者要在困难面前逞英雄”的奋斗精神，艰苦朴素、廉洁奉公、“任何时候都不搞特殊化”的道德情操。[①]常修为政之德、常思贪欲之害、常怀律己之心，自觉遵守党章党纪，主动接受监督。焦裕禄身上的公仆情怀、求实作风、奋斗精神和道德情操，集中体现着我们党的先进性和纯洁性；焦裕禄精神彰显的对党忠诚、为民造福的政治品格和求真务实、真抓实干的工作作风，始终是加强党的政治建设、思想建设、作风建设的生动教材，为新时代党的建设提供示范引领作用。

---

① 2014年3月17日至18日，习近平总书记在河南省兰考县调研指导党的群众路线教育实践活动上的讲话。

弘扬焦裕禄精神，是实现高质量发展的需要。实现高质量发展是中国式现代化的本质要求之一，推进中国式现代化必须走高质量发展之路。面对国民党74师的进攻，焦裕禄制定了“空城计”，利用石雷等战术巧妙阻击了敌人，为解放区的安定奠定了基础；在任职兰考期间，通过走访和蹲点调研，行程5000余里，逐个丈量、编号、绘图所有的风口、沙丘和河渠，摸清了“三害”发生演变的特点和趋势，闯出了工程治理和生态治理相结合的新路子；在县域治理中，焦裕禄善于抓重点、抓关键、抓要害，他发现“三害”是导致兰考积贫积弱的根本阻碍，立刻规划分期、分级开展“三害”治理。在新发展的格局下，必须深入学习焦裕禄同志调查研究的工作方法、科学求实的工作态度、创新实干的工作作风和统筹全局的工作能力，为高质量发展注入精神动力。

弘扬焦裕禄精神，是打造高素质干部队伍的需要。高素质干部队伍是中国式现代化建设的中坚力量，推进中国式现代化必须锻造一支堪当民族

焦裕禄雕像（焦裕禄干部学院　蔡坤龙摄）

复兴重任的高素质干部队伍。高素质干部要有担当能力，更要有领导艺术。焦裕禄同志临危受命来到兰考，以“不达目的、誓不罢休”的责任担当，带领兰考人民和“三害”斗争；他注重工作方法，与人谈心交心，挽留林业大学生，说服县林业局局长，访贫问苦的路上与随行的同志一起唱《南泥湾》《白毛女》，鼓励大家和困难抗争；他注重典型引路，评劳模、树旗帜、表彰先进，在治理“三害”过程中树立了“四面红旗”并向全县推广他们的先进经验。学习弘扬焦裕禄精神，就是要把这种敢想敢干、迎难而上、因难见巧、知人善用的能力素质贯穿干部队伍建设始终，促进党员干部加强思想淬炼，提振干事劲头，注重领导艺术，增强本领能力，始终做到心中有党、心中有民、心中有责、心中有戒，自觉做政治的明白人、发展的开路人、群众的贴心人、班子的带头人。每一个党员干部都要以焦裕禄为榜样，都要自觉向焦裕禄看齐。正如习近平所说的：“要组织党员、干部把焦裕禄精神作为一面镜子，从里到外、从上到下反复照一照自己，深入查摆自己在思想境界、素质能力、作风形象等方面存在的问题和不足，努力向焦裕禄同志看齐。”为强国建设、民族复兴创造新业绩、作出新贡献，为以中国式现代化全面推进中华民族伟大复兴凝聚磅礴力量。

在国家发展、民族振兴的征程上，我们要继续学习和弘扬焦裕禄精神，认真领悟其所彰显的马克思主义哲理，深刻把握“两个结合”所蕴含的丰富而深刻的思想内涵，增强焦裕禄精神的理论说服力、实践改造力和价值引领力，为推进党和人民的伟大事业提供持续不断的精神动力。

第二章

历久弥新的精神

一百多年来，中国共产党在各种风险挑战的考验之下，从小到大，由弱变强，锻造了一系列伟大精神。精神的力量是无穷的，它鼓舞人前进、鞭策人进取、督促人看齐，营造向善向美向上的风气。2009 年，习近平在兰考调研时，从“亲民爱民、艰苦奋斗、科学求实、迎难而上、无私奉献”五个方面对焦裕禄精神进行了高度概括，并作出要深入学习、大力弘扬焦裕禄精神，结合新的实际把焦裕禄精神发扬光大的指示。党的十八大以来，习近平总书记多次就焦裕禄精神作出相关重要论述，为我们研究阐释焦裕禄精神提供了根本遵循。在新的历史条件下，传承弘扬焦裕禄精神，要坚持以人民为中心的发展思想，以克难攻坚的勇气、科学求实的态度、锐意进取的精神、无私奉献的品格不断以中国式现代化推进中华民族伟大复兴。

第一节 “心中装着全体人民、唯独没有他自己”

2014年3月，习近平总书记在调研指导兰考县党的群众路线教育实践活动时指出：“要特别学习弘扬焦裕禄同志‘心中装着全体人民、唯独没有他自己’的公仆情怀。”因为焦裕禄心中装着人民，智慧来自人民，工作为了人民，能够时刻保持对党的赤子忠诚、对人民的深情厚爱。作为一名优秀的共产党员和干部，焦裕禄始终保持着对人民的深厚感情，无论在哪个行业、哪个岗位上，焦裕禄始终践行他“把党的温暖带到千家万户”的铮铮誓言，用实际行动诠释了中国共产党人一心为民的公仆情怀，真正践行了共产党人的初心和使命。

一、时刻想着人民

马克思主义旗帜鲜明地站在无产阶级和广大人民一边，强调过去的一切运动都是少数人的或者为少数人谋利益的运动，无产阶级的运动是绝大多数人的、为绝大多数人谋利益的独立的运动，强调马克思主义政党没有任何同整个无产阶级的利益不同的利益。中国共产党为人民而生，因人民而兴。人民立场是中国共产党的根本政治立场，全心全意为人民服务是我们党的根本宗旨，也是我们党区别于其他一切政党的根本标志。习近平总书记在庆祝中国共产党成立100周年“七一勋章”颁授仪式上的讲话中强调：“践行宗旨，就是对人民饱含深情，心中装着人民，工作为了人民，想群众之所想，急群众之所急，解群众之所难，密切联系群众，坚定依靠群众，一心一意为百姓造福，以为民造福的实际行动诠释共产党人‘我将无我、不负人民’的崇高情怀。”焦裕禄正是时刻想着人民、始终站稳人民立场的典范，他始终牢记自己共产党员的身份与使命，始终将人民放在心中的最高位置。他说："我们时时、事事应该首先想着群众。我们是共产党员，要'先天下之忧而忧，后天下之乐而乐'。"①

始终心系群众疾苦，是焦裕禄时刻想着人民、始终站稳人民立场的体现。1962年12月，焦裕禄调任兰考县。工作中，他发现部分领导干部面对风沙、内涝、盐碱"三害"严重的状况时，思想上出现了畏难情绪。于是，在一个风雪夜，焦裕禄带着兰考县委委员到火车站召开了一次现场会议。在车站，看到候车室里挤满了等着扒火车外出逃荒的群众，焦裕禄心情非常沉重，他对县委委员说："这些人绝大多数是我们的阶级兄弟，是灾荒逼迫他们到外面去的。这不能怪他们，责任在我们身上。党把36万人民交给

火车站挤满了等着扒火车外出逃荒的群众

① 张全景，张文台，周长安.焦裕禄在兰考的470天［M］.郑州：中州古籍出版社，2013：27.

我们，我们没有能领导他们战胜灾荒，应该感到羞耻和痛心。”①

始终为民排忧解难，也是焦裕禄时刻想着人民、始终站稳人民立场的体现。不管遇到什么困难，他首先想到的永远是群众——群众有没有饭吃，有没有柴烧。1963年冬天，大雪纷飞，焦裕禄要求县委办公室立即通知各公社，要求做好雪天六项工作：第一，所有农村干部必须深入到户，访贫问苦，安置无屋居住的人，发现断炊户，立即解决。第二，所有从事农村工作的同志，必须深入牛屋检查，照顾老弱病畜，保证不冻坏一头牲口。第三，安排好室内副业生产。第四，对于参加运输的人畜，凡是被风雪隔在途中的，在哪个大队辖区，由哪个大队热情招待，保证吃得饱，住得暖。第五，教育全党，在大雪封门的时候，到群众中去，和他们同甘共苦。第六，把检查执行的情况迅速报告县委。第二天，焦裕禄冒着大雪访贫问苦，在梁俊才大爷家中，他用一句“我是您的儿子”道出了中国共产党人最朴实的人民情怀、最坚定的人民立场。正是因为带着对人民最深厚的感情，焦裕禄在兰考短短一年多的时间里，深刻了解了兰考的灾情、人民的苦难，并绘制了一张蓝图。

习近平总书记强调：“全党同志要站稳人民立场，践行党的宗旨，贯彻党的群众路线，保持党同人民群众的血肉联系，自觉把以人民为中心的发展思想贯穿到各项工作之中，扎实推进共同富裕，让现代化建设成果更多更公平惠及全体人民。”焦裕禄一心想让老百姓过上好日子，体现的是人民至上的根本立场，体现的是我将无我、不负人民的赤子之心。中国历史上一再上演“其兴也勃焉，其亡也忽焉”的历史周期率，中国共产党执政70余年，不仅跳出了这个历史周期率，而且创造了令世界惊叹的经济快速发展、社会长期稳定两大奇迹，这离不开我们党以人民为中心的根本立场，离不开共产党人对公仆精神的不懈追求，离不开一批批前赴后继的“焦裕禄群体”的无私奉献和拼搏奋斗。

---

① 张全景，张文台，周长安.焦裕禄在兰考的470天［M］.郑州：中州古籍出版社，2013：23.

焦裕禄冒雪访贫问苦

二、工作依靠人民

唯物史观认为，人民群众是历史的创造者。作为马克思主义的坚定捍卫者和执行者，中国共产党始终坚持群众史观，反对形形色色的唯心史观。毛泽东同志指出："人民，只有人民，才是创造世界历史的动力。"习近平总书记指出："人民是历史的创造者，群众是真正的英雄。人民群众是我们力量的源泉。"尊重人民首创精神，集中人民群众智慧，充分发挥人民群众在创造历史中的伟大作用，这既是中国共产党发展壮大过程中取之不尽的力量源泉，也是被历史、现实证明过的检视执政能力的一条成功宝贵经验。

焦裕禄是尊重人民、甘当学生的典范。在洛阳矿山机器厂，为了学习俄语，焦裕禄拜当时刚刚从苏联留学回来的赵广宜为师。在兰考，为了解群众生活状况，找到治理风沙、内涝、盐碱"三害"的方法，焦裕禄经常下乡调研，到群众中找方法。1962年12月9日，焦裕禄来到老韩陵村，挨家挨户访问，了解群众生活实际。在饲养员萧位芬的牛屋中，焦裕禄向他请教如何改变兰考面貌。焦裕禄说："改变兰考面貌，人人有份，您年纪大，有生产经验。我今天就是来学习请教的。"[①]萧位芬结合自己多年生产生活的经验，提出"沙土窝里能种泡桐树，挡风、压沙"，同时提出要多养牲口。12月17日，焦裕禄起草了《关于城关区韩陵公社进行巩固集体经济发展农业生产第一步工作情况的报告》，并将萧位芬的建议上升为兰考县委的决策。报告同时指出，"应当教育干部，发扬土改时艰苦深入的优良作风，认真地深入下去，深入到牛屋、饭场，深入到每家每户去了解情况，听取反映"[②]。

焦裕禄访问过的城关区老韩陵大队饲养员萧位芬

① 张全景，张文台，周长安.焦裕禄在兰考的470天［M］.郑州：中州古籍出版社，2013：12.

② 张全景，张文台，周长安.焦裕禄在兰考的470天［M］.郑州：中州古籍出版社，2013：13.

焦裕禄是依靠群众、发动群众的典范。1963年7月，焦裕禄组织风沙勘察队，对全县沙荒、沙丘、风口分布情况展开调研。到了张庄村，在社员魏铎彬用淤泥封坟的启示下，焦裕禄受到启发，他说："一个人一个早上封一个坟，我们运用人民公社的力量。100人、1000人、十几万人，干一年、两年、三年，凡是近处有淤泥可取的沙丘，都用淤泥封住。栽上树、种上草，岂不把骇人听闻的沙丘变成了锦绣。"后来，焦裕禄将这个种泡桐、封沙丘的方法总结为"扎针""贴膏药"。焦裕禄对群众的智慧和群众的力量有着深刻认识，他坚信只要充分发动和依靠群众，就能够改变兰考"三害"肆虐、贫穷落后的面貌。1964年1月，焦裕禄在老韩陵大队《关于1963年农业生产情况的报告》的批示中指出："老韩陵一季翻身，全面发展的经验告诉我们，在一定的物质条件下，敢想、敢干、科学试验、坚持群众路线、充分依靠和发动群众，就能产生巨大的力量，很快改变落后面貌。"[①]

习近平总书记强调，要拜人民为师、向人民学习，放下架子、扑下身子，接地气、通下情，深入开展调查研究，解剖麻雀，发现典型，真正把群众面临的问题发现出来，把群众的意见反映上来，把群众创造的经验总结出来。焦裕禄经常说，蹲下来才能看到蚂蚁，深入下去才能发现问题。也正是在下乡访贫、调查研究的过程中，焦裕禄紧紧依靠人民、拜人民为师，充分激发群众积极性、主动性，发挥群众主体性和首创性，成功找到了科学治理兰考"三害"的秘诀。

三、一切为了人民

依靠人民而发展，发展才有动力；为了人民而发展，发展才有意义。习近平总书记指出，每个共产党员都要弄明白，党除了人民利益之外没有自己的特殊利益，党的一切工作都是为了实现好、维护好、发展好最广大

---

① 张全景，张文台，周长安.焦裕禄在兰考的470天［M］.郑州：中州古籍出版社，2013：83.

人民根本利益。增进民生福祉是发展的根本目的，让人民生活幸福是“国之大者”。人民对美好生活的向往，就是我们的奋斗目标，必须把为民造福作为最重要的政绩。

作为一名党员干部，焦裕禄以不断解决人民的急难愁盼问题诠释了共产党人一切为了人民的坚定立场。习近平总书记强调，要“着力解决人民急难愁盼问题，让中国式现代化建设成果更多更公平地惠及全体人民”。“为官一任，造福一方”，焦裕禄之所以受到广大人民的爱戴和敬仰，正是因为他处处以人民利益为重，不断解决人民的急难愁盼问题，真正做到一切为了人民。他常说：“当群众最困难的时候，共产党员要出现在群众面前。”[①]1963年12月，兰考县红庙公社葡萄架大队受灾严重，春天风沙打毁了麦子，夏天连天大雨淹毁了庄稼，群众生活只能依靠国家救济。焦裕禄到此蹲点救灾，一方面帮助群众解决生活困难，另一方面发动群众解决生产困难，发动群众进行生产自救。焦裕禄认为艰苦奋斗、自力更生的思想就是本钱，他带领群众学习烧窑技术，群众通过烧窑获得了副业收入，既解决了生活问题，也解决了生产性问题。

作为一名党员干部，焦裕禄以不断加强和改善民生诠释了共产党人一切为了人民的坚定立场。民生是人民幸福之基、社会和谐之本。民生问题关乎老百姓的切身利益，从来都是中国共产党最关心、最关注的问题。习近平总书记强调，中国共产党把为民办事、为民造福作为最重要的政绩，把为老百姓办了多少好事实事作为检验政绩的重要标准。党员、干部特别是领导干部要清醒认识到，自己手中的权力、所处的岗位，是党和人民赋予的，是为党和人民做事用的，只能用来为民谋利。1964年春节前夕，河南省开封地委拨给兰考县一部分救济粮款和救灾物资。焦裕禄专门召开了公社书记会议，研究如何将党和政府的温暖送给群众。在会上，焦裕禄指出，要通过发放救济粮款促进生产，使群众从内心感谢共产党。他要求各

---

① 张全景，张文台，周长安.焦裕禄在兰考的470天［M］.郑州：中州古籍出版社，2013：106.

级领导亲自摸底，做到心中有数，实事求是地解决群众的吃、烧、住、疾病治疗等问题。焦裕禄说："我们共产党人，对群众吃、烧、住、疾病都要挂在心上，这是我们党的优良传统。越是在群众困难的时候，越要联系群众，解决群众迫切需要解决的问题。对塌房的、有病的、住院的群众要进行慰问，对生活确实有困难的要帮助解决。"① 在兰考灾情严重的时候，焦裕禄通过帮助群众解决吃、穿、住等各项民生问题，赢得了民心，留住了外出逃荒的灾民。在满足人民群众生存需要的基础上，焦裕禄更加注重满足人民群众的发展需求，让人民群众萌发出希望、看得到光明，生发出改变生活、改变命运的决心。正是在焦裕禄的带领下，兰考人民找到了治理"三害"的办法、看到了摆脱贫穷的希望。焦裕禄去世以后，按照他绘制的蓝图，兰考人民接续奋斗，迎来了生态环境逐步改善、群众安居乐业的新面貌。

党的二十大报告指出，治国有常，利民为本。为民造福是立党为公、执政为民的本质要求。为民造福要求我们始终把人民利益摆在至高无上的地位，坚持在发展中保障和改善民生，不断实现人民对美好生活的向往，这不仅是本质要求和评判标准，也是我们党一切工作的出发点和落脚点。是否真正做到了"立党为公，执政为民"，就要看是否真正做到了增进人民福祉，是否让人民群众真正得到了实惠，是否让人民生活真正得到了改善。而焦裕禄之所以成为一个楷模，正是因为他围绕治沙、治涝、治碱这三件事关兰考民生的实事、大事，真正做到一切为了人民；焦裕禄精神之所以能够成为一座永恒的精神丰碑，正是源自时代的需要、人民的呼唤。如今，焦裕禄精神正鼓舞和感召着新时代中国共产党人，为建设社会主义现代化强国、实现中华民族伟大复兴的中国梦矢志不渝、一往无前。

① 张全景，张文台，周长安.焦裕禄在兰考的470天［M］.郑州：中州古籍出版社，2013：73.

第二节　“敢教日月换新天”

艰苦奋斗精神贯穿于中华民族和中国共产党发展壮大的全部历史进程之中，诠释着党和人民事业兴旺发达的真谛，是我们党不断从胜利走向胜利、不断取得辉煌业绩的宝贵精神财富。艰苦奋斗是我们党的立业之本、取胜之道、传家之宝，也是焦裕禄精神的精髓。1949年，在党的七届二中全会上，毛泽东提出了“两个务必”：务必要使同志们继续地保持谦虚、谨慎、不骄、不躁的作风，务必使同志们继续地保持艰苦奋斗的作风。作为毛主席的好学生，焦裕禄在生活中、工作中也是时刻谨记、践行毛主席的倡导。习近平总书记在兰考调研时，也要求我们学习和弘扬焦裕禄同志勤俭节约、艰苦创业，“敢教日月换新天”的奋斗精神，大兴艰苦奋斗之风。

一、自力更生，艰苦奋斗

中华民族奋斗的基点是自力更生，实现民族复兴和国家现代化的强大动力是艰苦奋斗。我们党用实践证明，一个没有自力更生、艰苦奋斗精神作支撑的民族，是难以自立自强的；一个没有自力更生、艰苦奋斗精神作支撑的国家，是难以发展进步的；一个没有自力更生、艰苦奋斗精神作支撑的政党，是难以兴旺发达的。毛泽东在《论反对日本帝国主义的策略》的报告中指出：“我们中华民族有同自己的敌人血战到底的气概，有在自力更生的基础上光复旧物的决心，有自立于世界民族之林的能力。”习近平总书记指出：“中华民族伟大复兴，绝不是轻轻松松、敲锣打鼓就能实现的。全党必须准备付出更为艰巨、更为艰苦的努力。”焦裕禄也正是在自力更生、艰苦奋斗精神的指引下，攻克了一个个难以攻克的难题，完成了一项项难以完成的任务。

焦裕禄（左四）与职工在新中国第一台大型双筒提升机前合影

我国第一台直径2.5米双筒提升机

1953年，为满足国内大规模经济建设需要，党从各条战线抽调了大批优秀干部，支援工业建设。同年6月，焦裕禄被抽调到洛阳矿山机器厂，担任修路办公室负责人，是临时公路的总指挥。现场工地工作和生活都是白手起家，十分困难。焦裕禄坚持发扬艰苦创业、埋头苦干的愚公移山精神，创造性地打开了工作局面。他经常和工程技术人员、工人一起，想方设法，改进工艺，革新设备，提高工程质量，节约开支。靠着兢兢业业、自力更生、艰苦奋斗的精神，焦裕禄赢得了广大职工的认可和支持。1958年，焦裕禄所在的一金工车间接到了一项任务——制造一台2.5米双筒提升机。这台设备重达108吨，在国内是首次试制生产。当时任务繁重，时间紧迫，面对技术难度大的新机器，对于经验不足的焦裕禄及其团队来说，困难重重。为了完成这项艰巨的任务，焦裕禄把铺盖搬到车间，吃住都在机器旁边的长凳上，领着工人们日夜攻关、破解难题、组装机器。经过两个多月的奋战，1958年5月，生产出了我国第一台2.5米双筒提升机，填补了国家工业领域的一项空白。

在兰考，焦裕禄更是主张发动群众力量，依靠自力更生、生产自救来改变穷苦面貌。当了解到韩村人靠割草养活了自己，养活了牲畜，购买了生产工具，焦裕禄将这一情况通报全县，并指出“韩村人生产自救的胜利，说明了一条真理：事在人为，人定胜天。它给我们以很大的启示：在困难面前应该有不怕困难、不向困难低头、积极斗争的雄心壮志，才能克服和战胜困难”[①]。

无论时代如何发展，焦裕禄同志在艰难困苦中带领人民克服问题、战胜困难的精神永远不会过时。习近平总书记在瞻仰延安革命纪念地时指出：“全党同志要大力弘扬自力更生、艰苦奋斗精神，无论我们将来物质生活多么丰富，自力更生、艰苦奋斗的精神一定不能丢，脚踏实地、苦干实干、集中精力办好自己的事情，把国家和民族发展放在自己力量的基点上。”当

① 张全景，张文台，周长安.焦裕禄在兰考的470天［M］.郑州：中州古籍出版社，2013：46.

今世界百年未有之大变局正加速演进，国际局势错综复杂，世界经济陷入低迷期，我们面临的风险挑战将更加突出，越是接近民族复兴，越是不会一帆风顺，甚至可能面临惊涛骇浪。所以，更应保持昂扬的状态，以自力更生、艰苦奋斗的意志助力实现中华民族伟大复兴。

二、勤俭节约，去奢求俭

历览前贤国与家，成由勤俭败由奢。勤俭节约不仅关系个人修养，也关系一个国家、一个民族的发展兴衰。

从《尚书》的“克勤于邦，克俭于家”，到《左传》的“民生在勤，勤则不匮”，再到诸葛亮《诫子书》中的“静以修身，俭以养德”，中国传统文化历来崇尚勤与俭的价值取向和道德风尚。勤俭节约、去奢求俭同样也是我们党的传家宝，在革命、建设、改革开放的实践中，一代代共产党人躬身求索、率先垂范，弘扬勤俭节约的优良作风，营造了风清气正的社会氛围。勤俭节约、去奢求俭，不仅是我们一路走来、发展壮大的重要保证，也是我们继往开来、再创辉煌的重要保证。

焦裕禄在工作和生活中也始终保持着勤俭节约、去奢求俭的美好品德。兰考县委机关大院坐落在一片洼地上，盐碱不断地从地下浸上来，屋里屋外十分潮湿，好好的砖，不几天便会长出半寸长的白碱毛，被子十天半月不晒，几乎能拧出水来。所以，早在焦裕禄来到兰考之前，同志们就在酝酿搬家的事，焦裕禄来到兰考之后，有人还提出一个装潢县委和县委领导干部办公室的计划。焦裕禄说：“坐在破椅子上就不能革命吗？兰考的灾区面貌还没改变，还大量吃着国家的统销粮，群众生活也还困难，富丽堂皇的事不仅不能做，连想也很危险。”焦裕禄正是靠着这种坐在破椅子上照样干革命的乐观主义精神，改变了县委干部队伍的思想状况。一直到今天，以焦裕禄为镜，向老书记看齐，依然是兰考干部干事创业的行为准则。

复原焦裕禄在兰考工作的办公桌和椅子

勤俭节约既是一种传统美德，也是一种生活态度。在家庭生活中，焦裕禄给子女定下了不比吃穿比进步的家规。据焦裕禄的大女儿焦守凤回忆，上学时，她会把铅笔削得很细，用起来很浪费，又不喜欢用短铅笔。焦裕禄发现之后，就让她拿铅笔头来换新铅笔。可是，当她找父亲换铅笔的时候，焦裕禄又拿出笔套，让她套在铅笔头上使用。焦裕禄说："别看铅笔小，也是经过很多劳动程序制成的，如果不爱惜，全国有多少小学生，都不节省，一年得多生产多少铅笔？"在焦裕禄的影响下，子女们也厉行艰苦朴素的生活作风，形成了勤俭持家的优良家风。

习近平总书记指出："过去我们党靠艰苦奋斗、勤俭节约不断成就伟业，现在我们仍然要用这样的思想来指导工作。"从南湖上的一条小船到圣地延安的一方窑洞，从艰苦卓绝的两万五千里长征到披荆斩棘的改革开放之路，我们党是靠勤俭节约、去奢求俭起家并发展壮大起来的，党心民心也是在勤俭节约、去奢求俭中凝聚起来的。党的二十大报告也着眼于培育时代新风新貌，提出在全社会弘扬勤俭节约精神。回顾历史、审视现实，我们应该更加清醒：任何时候，我们过“苦日子”的作风不能丢，过“紧日子”的自觉要增强，努力去奢求俭、勤而求进。

三、不惧困难，敢于斗争

敢于斗争、善于斗争，既是马克思主义立场观点方法的生动体现，又是马克思主义唯物辩证法的实践要求。中国共产党在斗争中诞生，在斗争中发展，在斗争中壮大。习近平总书记指出：“我们党诞生于国家内忧外患、民族危难之时，一出生就铭刻着斗争的烙印，一路走来就是在斗争中求得生存、获得发展、赢得胜利。”不惧困难、敢于斗争的伟大精神贯穿于革命、建设、改革各个时期，熔铸成我们党历经百年风雨而风华正茂、饱经磨难而生生不息的精神基因。而焦裕禄正是不惧困难、敢于斗争的代表。

焦裕禄来到兰考之前，开封地区党委筹划选派干部到兰考任县委书记，但是征求了几个干部的意见，他们都不愿意去。因为兰考当时是有名的重灾县。后来，开封地区党委书记张申想起与他一起战斗过的老部下焦裕禄。张申对焦裕禄的评价是：“他不怕死，危险关头敢于往前冲。”经过谈话，焦裕禄表示：“现在正是兰考困难的时候，组织把这副担子交给我，是对我的信任。我相信，那里有党的领导，有36万要求革命的人民，什么困难都可以克服，我一定完成党交给的任务！”张申给焦裕禄打“预防针”：“兰考是个重灾区，最苦、最难，也最穷。到兰考任职，要有接受最严峻考验的准备。”焦裕禄却表示：“感谢党把我派到最困难的地方，越是困难的地方，越能锻炼人。请组织上放心，不改变兰考的面貌，我决不离开这里。”

在兰考的475个日日夜夜，焦裕禄始终以不怕困难、英勇斗争的昂扬姿态与风沙、内涝、盐碱做斗争，与悲观畏难的思想做斗争，与严酷的自然环境做斗争，与可怕的病魔做斗争。正如习近平总书记所说，焦裕禄同志面对兰考自然灾害的肆虐和贫困落后的实际，一开始就立下雄心壮志：“拼上老命大干一场，决心改变兰考面貌。”……这种不怕困难、不怕牺牲、敢于斗争的精神，生动体现了他对事业的笃定和对责任的担当。

唯有意志坚定，站得住、立得稳，才能在历史洪流中屹立不倒、挺立潮头。习近平总书记指出：“我们党依靠斗争走到今天，也必然要依靠斗争赢得未来。”站在新的历史起点上，我们党要团结带领人民有效应对重大挑战、抵御重大风险、克服重大阻力、解决重大矛盾，必须进行具有许多新的历史特点的伟大斗争。唯有不惧困难、敢于斗争，在困难挑战面前甘洒热血、勇于斗争、勇于胜利，我们才能在新征程上创造新业绩。

第三节 “吃别人嚼过的馍没味道”

习近平总书记指出，要学习焦裕禄同志凡事探求就里、“吃别人嚼过的馍没味道”的求实作风。在焦裕禄看来，实事求是、科学求实既是一种科学精神，也是一种工作作风，还是一种人生态度，他始终秉承不务虚功、真抓实干的品格，一切从群众需要出发、一切从实际情况出发，能够把准主要矛盾、客观制定方案措施，干实事、实干事，用求真务实的工作成效造福于民。当下，广大党员干部承担着推进中国式现代化的光荣使命，承载着广大人民群众的殷切期盼，必须发扬科学求实的精神，将党中央各项决策部署落到实处，尊重客观规律，以强有力的责任感担当作为、干事创业。

一、求真要下沉一线

毛泽东说过：“世界上怕就怕‘认真’二字，共产党就最讲‘认真’。”习近平总书记指出：“对我们共产党人来说，讲‘认真’不仅是态度问题，而且是关系世界观和方法论的大问题，是关系党的性质和宗旨的大问题，是关系党和人民事业发展全局的大问题。这股‘认真’劲应该体现在干事创业的方方面面，也应体现在党内生活的方方面面。”凡事求真务实，就是在任何事情上认认真真落实各项任务安排，实实在在完成各项工作目标，始终做到脚踏实地，真抓实干，敦本务实。

求真务实是焦裕禄任职一方从政作风的生动注脚，他一贯坚持从群众中来，到群众中去，坚持到一线进行深入、系统、全面的调查研究，抓活思想，抓典型。在洛阳矿山机器厂工作时，有一段时期，焦裕禄发现统计

如今的一金工车间，当年焦裕禄参与研发和安装的机床还在运转

数字不准确、配套报表上报不及时，心中有些纳闷儿。调度工作的耳朵不灵、眼睛不明，这是致命的问题。一天，他来到铸铁车间了解生产情况，车间副主任蒋泉根在介绍生产情况时，有数字，有分析，还能说出零件的流动情况。焦裕禄觉得很好，又仔细翻阅了计调组的台账和报表，发现他们实行统计人员下现场，每天进行活的统计、活的配套，并且打破老框框，编制出一种适合自己生产需要的新的配套报表。焦裕禄又高兴又激动，说：“老蒋同志，好呀！你为全厂生产统计工作立了一大功，我要把你们的配套报表在全厂推广。”第二天，他就把铸铁车间配套报表的做法推广到全厂各车间。

在工作中，焦裕禄还特别善于抓第一手材料。孙永康在一金工车间当工段长时，和调度科长焦裕禄接触很多。一次，焦裕禄问孙永康：“老孙，你们不是有一根中间轴报废了吗？料补上了没有？转到热处理没有？零件工号是多少……”一连串的问题，孙永康一个也没答上来。这时，焦裕禄打开笔记本，一个一个说给孙永康听，接着又领孙永康到车间，按工号找到了那根急需加工的中间轴料，要求把零件尽快赶出来。孙永康事后回忆说，一个大厂的调度科长抓生产抓得这样具体，真叫人吃惊。无论是在一金工车间，还是在厂部调度科，焦裕禄每天都到车间里转一转，所以了解情况多，发现问题快，主意拿得准，指挥生产灵，这让大家都佩服不已。

焦裕禄不愿意坐在办公室里听汇报，他教育广大干部“吃别人嚼过的馍没味道”，主张要到实地去了解实情，要到灾害发生的地方去，要到群众最需要的地方去。从现实的角度出发来思考问题，到基层一线认真听取群众的诉求，提出解决方案，真正与群众想在一起，干在一起。

“坐在办公室里都是问题，走下去就都是办法。”下沉一线能摸到实情，是做推动工作的基础和前提，事关得失成败。凡事探求就里、“吃别人嚼过的馍没味道”生动地揭示了焦裕禄的求真务实作风，他在处理工作时，不仅对广大干部提出了具体的要求，对自己也是从严要求，从自身做起，下沉到基层一线当中，从带领兰考干部前往火车站现场调研到与群众同吃、同住、同劳动，再到给领导干部进行思想教育等各个方面，让我们真正看

复原当时兰考县的县委会议室

到了焦裕禄下沉基层一线的做事态度，为党员干部实实在在做人做事提供了镜鉴。

二、务实要找到方法

“巧干能捕雄狮，蛮干难捉蟋蟀。”习近平总书记谆谆告诫广大党员干部，强调各地情况千差万别，抓落实务必实事求是、因地制宜，“一把钥匙开一把锁”。坚持一切从实际出发，是我们想问题、作决策、办事情的出发点和落脚点，也是求真务实抓落实的必然要求。为此，找到问题症结、寻找解决方案、归纳总结方法，就应该要像焦裕禄同志那样，多到最艰难的困局中去寻找突破，多到群众最需要的地方去解决实际问题。

焦裕禄坚守凡事探求真理的作风，在处理工作难题的过程中，他充分发扬了事事求真的工作态度，准确把握事物的形成原因、发展过程和生成规律，找到处理问题的科学方法。他扎根基层，经常一身土、两腿泥，与群众职工打成一片，向他们学习，积极总结提炼来自基层的经验和智慧；与群众职工同吃、同住、同劳动，在群众工作中总结出一系列行之有效的工作方法。焦裕禄在洛阳矿山机器厂工作期间，一天，技术员小钟上班来得早，他进了车间，看见焦裕禄正拿着图纸，钻到一台机床下。小钟问：“焦主任，您干啥呢？”焦裕禄在机床下边说：“小钟呀，来得早啊，这台新床子还有几个部件没弄清楚呢。”“焦主任，您不用费这么大劲，拿图纸给我们，我们给您标上部件名称不是一样吗？”小钟看着满身油渍的焦裕禄，不忍心地说。

焦裕禄摇摇头：“那咋一样了？你要了解一台机床，就得亲自把每一个部件都看明白了，吃别人嚼过的馍，没味道啊！”小钟佩服地说：“焦主任，我真服了您了，车间里这百十台床子，您摸得比我们技术员还透！”“吃别人嚼过的馍没味道”，这句后来在兰考乃至全国闪烁着光芒的名言，原来就诞生在洛矿的机床边。小钟奇怪道：“图上都标着号呢。”焦裕禄说：“正因为标着号，我才得认真熟悉熟悉。”他一身油污地从车床下钻出来：“这回我闹明白了，别管设备多么复杂，总会有个规律。比如你找到一个核心部件，其他相关的也就找到了。”

焦裕禄检查机器

面对困境，焦裕禄没有退缩，毅然决然地主动深入条件艰苦、矛盾集中、困难突出的地方，在田间地头、街头巷尾广泛走访了解实际情况，解决各类矛盾和问题，总结出一系列工作方法。在洛矿，他总结出“十条工作经验”；在兰考，他总结出“十多十少”“五个跟不上”等工作方法，较好地体现了焦裕禄理论联系实际，发挥才能智慧，一切从实际出发的寻找科学方法的做法。

焦裕禄（左四）在洛矿

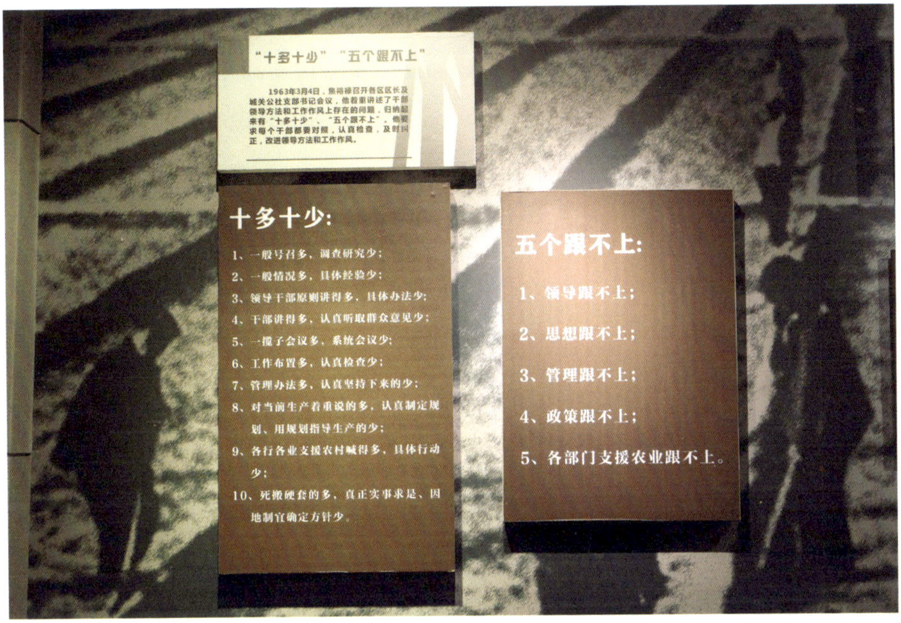

“十多十少”“五个跟不上”的工作方法

习近平总书记强调“要求真务实抓落实”“坚决纠治形式主义、官僚主义”。解除束缚、减轻负担，才能迈开步子、甩开膀子、撸起袖子。做到求真务实抓落实，必须坚决纠治形式主义、官僚主义，坚持为基层、企业减负，让干部群众的精力真正花在干实事上。为此，在开展工作的时候，广大党员干部应该坚持从实际出发谋划事业和工作，使政策、方案符合实际情况、符合客观规律、符合科学精神；应该从实际出发脚踏实地、真抓实干，敢于担当责任，勇于直面矛盾，善于解决问题，努力创造经得起实践、人民、历史检验的实绩；注重理论联系实际，深入基层、站在一线，把好的经验归纳起来，把好的方法总结出来。

三、达效要做好调研

习近平总书记指出，调查研究是谋事之基、成事之道，没有调查就没有发言权，没有调查就没有决策权。调查研究是我们做好工作的基本功。在兰考期间，焦裕禄积极做好调研，了解社情民意，找出穷因、挖除穷根，注重解决实际问题、务求实效。这片大地长期遭受三大自然灾害的肆虐，粮食几近绝收，灾民流离失所，生存难以为继。焦裕禄痛心疾首，他夜以继日地工作，为彻底摸清兰考1800平方公里土地的自然灾害，想出了很多的办法。他开始组织发挥各方的力量，在全县抽调出了20名干部、老农和技术员，组成一支“三害”调查队，跑遍全县，追洪水、查风口、探流沙，开展了大规模的调查研究工作。他要亲自去掂一掂兰考“三害”的分量到底有多重，寻求治理灾害的科学方法。

解决风沙问题是首要的。为了治理肆虐的风沙，每次大风刮起，焦裕禄就带着一行干部走出办公室，走访求教许多有经验的基层干部和老农。哪里风沙最大，焦裕禄就带着灾害调查队奔向哪里。无论刮风下雨，焦裕禄和调查队的全体成员都会前往沙丘最多的地方开展实地调研，他们总是迎着风沙走，不管风沙多大，哪怕遇到被大风逼退的情况，一行人都会推着自行车一往无前。他说，这是调查研究的好机会。焦裕禄不顾大家劝阻，冒险来到大堤上，登上摇摇晃晃且随时都要被刮倒的测量架。他标明风向的位置，了解风向沙路的轨迹，并总结出了三条治沙经验：造林固沙，百年大计；育草封沙，当年见效；翻淤压沙，立竿见影。三管齐下，根治风沙。

为了救灾，焦裕禄夜以继日地带领调查队在风里、雨里、沙窝里、激流里不顾艰险，勇往直前。正是一步一个脚印地深入实际调查研究，他摸清了风沙、内涝、盐碱的变化规律，为后续科学有效地治理灾害打下了良好的基础。向焦裕禄学调研，就是要走出办公室，亲自到基层了解情况，掌握实情，多走走，多转转，用“解剖麻雀”的方式，真正把调查研究做实做细、把真实情况摸透摸懂。向焦裕禄学调研，就是要扎根基层、走出“衙门”，一心为民，“把屁股端端地坐在老百姓的这一面”，不当“官”和“老爷”，深入乡村，考虑问题既要谋长远，还要解民忧，破解群众急难愁盼问题。

“三害”调查队在勘察风沙

可以说，焦裕禄在兰考工作的时间并不长，但他靠着一辆自行车和一双铁脚板，对全县当时149个生产大队中的120多个生产大队进行了走访和蹲点调研。正是这种深入、系统、全面的调查研究，使焦裕禄能够在较短的时间内对改变兰考面貌提出了切合实际的规划。在焦裕禄身上，充分体现了共产党人脚踏实地干事业的求实精神和尊重客观规律的科学态度。就如习近平总书记强调的一样，要了解实际，就要掌握调查研究这个基本功。要眼睛向下、脚步向下，经常扑下身子、沉到一线，近的远的都要去，好的差的都要看，干部群众表扬和批评都要听，真正把情况摸实摸透。既要“身入”基层，更要“心到”基层。

第四节 “革命者要在困难面前逞英雄”

行百里者半九十。当前，实现中华民族伟大复兴进入了不可逆转的历史进程。但也要清醒认识到，中华民族伟大复兴不是轻轻松松、敲锣打鼓就能实现的，必须勇于进行具有许多新的历史特点的伟大斗争，准备付出更为艰巨、更为艰苦的努力。新征程上，我们更要坚定信心、迎难而上，增强“一仗接着一仗打”的意识、决心和志气，在关键时刻冲得上去、危难关头豁得出来，以实干担当擦亮政治本色，为初心和使命奋斗，为共产主义事业奋斗。

一、敢为人先

敢为人先的首创精神是对中华民族优秀文化中创新精神的继承，贯穿于党领导中国人民进行革命、建设和改革的整个过程。这种精神也必将引领党带领中国人民走向更加辉煌的未来，早日实现中华民族的伟大复兴。焦裕禄身上有着敢为人先、敢当先锋的优秀品质和崇高风范。面对兰考的灾情，是苦熬三年还是苦干三年，焦裕禄果断选择苦干；是两手向上、依赖救济，还是艰苦奋斗、改变兰考县面貌的两难境地，他毫不犹豫地选择了后者。

在风沙扑面、大水没膝、盐碱浸肤的恶劣条件下，焦裕禄始终都没有退缩，也没有放弃。他奋战在治理三大自然灾害的一线，和兰考人民想在一起，干在一起，迎难而上想对策、出方案。在焦裕禄的心中，能够支撑他的强大力量就是党组织对他的重托、对他的培养和人民对他的信任。他发出“不改变兰考的面貌，我决不离开”的铮铮誓言；他成功探索总结出治理兰考三大自然灾害的对策方法，为兰考人民找到了前行的新道路，这就是敢于挑战自我、敢为人先的生动展现。

正是身上凝聚着一股敢为人先的毅力和勇气，焦裕禄在面对任何艰难险阻的时候，都是从不畏惧，从不放弃，更不抱怨。也正是敢为人先的魄力和自信，让他破解了一个又一个难题与困境，锻造出更加坚定的勇敢和自信。在焦裕禄的眼里，作为一名共产党员，为民谋利、敢为人先是自己义不容辞的责任。胸有凌云志，敢为天下先。一个“敢”字，正是体现了焦裕禄在面对艰难险阻的时候，能够风雨无惧，逢山开路，遇水架桥。

立足新时代，广大党员干部要成为敢为人先、吃苦耐劳的人，能够忍受常人所不能忍受的方面，才能真正地践行共产党员的职责和使命。具备敢为人先的品质，也就意味着具备一种胆量。参天大树不会成长于温室之中，宏伟蓝图不会出自懈怠者。在前行的道路上，我们要面临很多的艰难险阻，在大风大浪出现的时候，等待不可取，躺平更不能赢，逃避是最不应该出现的一种态度。面对这样的现实问题，我们应该要拿出敢为人先的勇气与魄力，拿出敢闯敢干的决心与意念，越是困难，越要往前冲。刀要在石上磨、人要在事上练，广大党员干部要做到在经历过大风大浪之后，增长才干，壮大筋骨，总结经验，练就争先争强的硬脊梁、铁肩膀，才能够更好地处理重大难题，迎接重大挑战，克服重大阻力，不断锤炼过硬的坚强本领。

二、敢于担当

敢想敢干、敢于担当是共产党员的必备素质。肩负责任就要勇于担当，心怀使命就要敢想敢干。习近平总书记指出，敢于负责、勇于担当最能体现党员干部的政治品格和党性作风。作为一名党员干部，必须知行合一、做实干家，在工作实践中弘扬担当精神，加强实践锻炼、真刀真枪打拼。在时代的发展过程中，涌现出一批又一批的好党员、好干部，其中，焦裕禄就是值得学习的好榜样、好楷模。他是迎难而上、敢于担当的典范，他的公仆情怀、求实作风、奋斗精神和道德情操蕴含着厚重的敢想敢干、敢于担当的品格。

在去哈尔滨工业大学学习之前，焦裕禄始终保持着对学习的热爱，对未来的憧憬、如火的热情、钢铁般的决心和意志，充盈了他整个身心。进入哈尔滨工业大学后，焦裕禄等洛阳矿山机器厂的同志被安排在南岗平房住宿。校领导向大家传达了调干生的教学计划，根据他们的文化程度，要先学习速成中学课程，在达到高中文化程度之后，再编入大学本科班学习。学校给每个调干生都发了十几本初、高中课本，对于只有小学文化的焦裕禄来说，《几何》《代数》等无异于天书。为了尽快追上教学进度，焦裕禄上课时认真听讲，课余时间也不休息，常常学习到深夜。有时碰到难题，同宿舍里的几个人都做不出来，焦裕禄就跑到别的宿舍请教其他同学，或者跑到离宿舍很远的大学生宿舍去请教在校的大学生。

1954年9月，第一届全国人民代表大会召开，焦裕禄等调干生在学校礼堂收听了毛主席的讲话。当天晚上，焦裕禄和同学们议论起这次会议的主要精神和总任务：团结全国人民，争取一切国际朋友的支援，为了建设一个伟大的社会主义国家而奋斗。他们为之振奋，这是党中央、毛主席发出的伟大号召！从此，他们更加刻苦努力地学习，每个人心里都清楚，组织上把他们送到大学学习，就是为了尽快培养出一批文化水平高、懂得科学技术的人才，投入我国社会主义工业建设的洪流中。焦裕禄率先自我加压，每天除了吃饭、睡觉，剩余的所有时间都花在复习功课上。很快，焦裕禄的数理化成绩飞速提高，不仅在速成班的考试中取得了优异的成绩，还被评为了优秀学员。焦裕禄此后把学到的知识运用到工业战线上，出色地完成了各项工作任务，成为工业战线的一名佼佼者。

不论是面对工作，还是面对学习，在艰苦的环境中，焦裕禄总是能够迎难而上、敢于担当，干出一番成绩。在焦裕禄精神的鼓舞下，在历届党委政府的接续奋斗下，兰考也由曾经经受严重的三大自然灾害到现如今的

“兰考之变”“兰考之美”，从饱受磨难到日新月异，每一次的发展、每一次的改变都是人的主动性发挥作用，都是广大干部发扬焦裕禄的“三股劲”、发扬焦裕禄精神中蕴含的敢闯敢干、敢于担当的精气神。

习近平总书记指出，新征程上，不可能都是平坦的大道，我们将会面对许多重大挑战、重大风险、重大阻力、重大矛盾，领导干部必须有强烈的担当精神。我们学习和弘扬焦裕禄精神，就要像焦裕禄同志那样，始终保持一种敢于担当的勇气，保持一种逆势而上的豪气，不怕矛盾复杂，不怕任务艰巨，不怕责任重大，敢于挑起重担，敢于克难制胜，敢于奋勇争先。当前，我们正走在新时代新征程的道路上，更加需要拿出焦裕禄精神中敢于担当的精神，主动打破传统观念，进一步开放思想，创新理念，敢于走出“舒适圈”，敢于知难而进、迎难而上，实现自身价值追求。要以“功成不必在我”的境界和“功成必定有我”的担当，以身作则、率先垂范，一步一个脚印把中国特色社会主义事业推向前进。

三、善作善成

善作善成，是指为人做事以好的方式、方法、途径来取得好的成果，始终瞄定目标，不半途而废，不达目的不罢休。善作善成，是奋发进取的姿态，也是干事创业的境界。《易经》中的“积善之家，必有余庆”和古诗《长歌行》中的“少壮不努力，老大徒伤悲”都揭示了“善作”“善成”二者之间的互为因果、相互统一的关系。万事敢于担当，迎难而上，方能善作善成。中国共产党人正是秉着善始善终、善作善成的劲头，撸起袖子加油干，方成就了今天的伟业。

善作善成需要有巧方法、大智慧。焦裕禄特别善于做思想政治工作，最为人称道的是他成功化解了涉及尉氏、鄢陵、扶沟三县交界地的土地纠纷，避免了流血伤亡事件的发生，稳定了当地农业生产与生活。在尉氏、鄢陵和扶沟三县之间的贾鲁河滩有一片林地。1962年的秋收时节，在这片林地上，分属三县管辖的靳村、马庄、小岗杨村的农民群众发生了纠纷。轻则唇枪舌剑地吵闹，重则抄家伙械斗，形势相当严峻。焦裕禄知道后，主动前去调解纠纷。凡是发生纠纷的地方，他都去现场做调查，很快查清了三县的具体界线及事情的原委。

原来，纵贯尉氏南北的贾鲁河曾是黄河故道。中华人民共和国成立前，河内全是飞沙，寸草不长，无人耕种。中华人民共和国成立后，南曹公社的靳村农民为了治理风沙，在尉氏、鄢陵、扶沟三县交界的河道沙滩内植树造林、压柳条、打柳橛，整理出大约1600亩土地。没过几年，柳树林就长起来了，不但挡住了风沙，而且柳林里也慢慢能够种庄稼了。但是，这1600亩沙滩地在黄水泛滥前是靳村和鄢陵县的马庄以及扶沟县的小岗杨村三家共有的土地。这些土地荒废时，谁也不在乎，一旦林区收益逐渐大了，马庄、小岗杨村的群众就有些红眼了，一再提出要收回他们的土地。但靳村群众始终不答应，矛盾越来越激化。这年要秋收了，双方都准备以武力抢收河滩内的200亩高粱。焦裕禄了解清楚情况后，首先教育尉氏县的社队干部要胸怀全局，发扬共产主义风格，和邻县共同协商解决这场纠纷。为了做通群众的思想工作，焦裕禄教育大家“天下农民是一家”，进而分析说：“马庄、小岗杨村人之所以穷，是蒋介石扒开黄河把他们的土地冲毁了，是共产党和人民政府领导我们植树造林、改良土壤，我们靳村的人民才翻身过上了好日子。但是，我们还要帮助马庄、小岗杨村的阶级兄弟，让他们也能过上好日子。”焦裕禄作了耐心和详细的思想工作后，靳村的干部群众很快觉悟，他们无偿地将700亩林地划给了马庄、小岗杨两村。最后，焦裕禄处理三县交界处土地纠纷后立了一块“三界碑”。由此，这场多年未解的三县滩地纠纷终于得到了圆满解决。

从焦裕禄的身上，我们能够看到共产党员有着“为官避事平生耻”的态度，能够看到共产党人勤政敬业、善始善终、善作善成的品格。对照焦裕禄精神，每个党员干部尤其是青年干部都要照照镜子、正正衣冠，要有善作善成的担当品质，当干部就应当多一份责任、多一份辛劳、多一份担

焦裕禄处理三县土地纠纷后立的“三界碑”

当的境界；要有遇到困难决不退缩、义不容辞排除万难的意志。“道虽迩，不行不至；事虽小，不为不成。”习近平总书记在党的二十大报告中寄语广大青年：“怀抱梦想又脚踏实地，敢想敢为又善作善成。”“我们的征途是星辰大海”，这是来自航天人抒发的豪情壮志；“请党放心，强国有我”，这是来自学子立下的铿锵誓言；“清澈的爱，只为中国”，这是来自边防战士对祖国的深情告白……在新时代的征途中，广大青年用臂膀扛起如山的责任，善始而后善作，善作故能善成，善成方得善终，展现出激昂的风采，展现出民族的希望。他们用行动证明，新时代的中国青年是好样的，是堪当大任的！

第五节 “任何时候都不搞特殊化”

无私奉献是共产党人的精神底色，党章明确规定：“中国共产党党员永远是劳动人民的普通一员。除了法律和政策规定范围内的个人利益和工作职权以外，所有共产党员都不得谋求任何私利和特权。”中国共产党百年奋斗的光辉历程，就是一部共产党人为中国人民、为中华民族无私奉献的恢宏史诗。中国共产党之所以能够取得不同历史时期的伟大成就，正是因为有无数共产党员为了党的事业、为了广大人民群众的利益而牺牲小我、成就大我，不断擦亮无私奉献的精神底色。其中，焦裕禄就是抵制特权、廉洁奉公、无私奉献的表率，他对搞特殊化、贪污腐败深恶痛绝。学习焦裕禄精神，要坚守任何时候都不搞特权、不以权谋私的政治本色，不断淬炼无私奉献的精神，努力做焦裕禄式的好党员、好干部。

一、“公”字当先不谋私

大公无私是我们党的好传统、好作风，是党的性质宗旨的根本体现。习近平总书记指出：“作为党的干部，就是要讲大公无私、公私分明、先公后私、公而忘私，只有一心为公、事事出于公心，才能坦荡做人、谨慎用权，才能光明正大、堂堂正正。”焦裕禄坚持“公”字当先、不搞特殊，始终心地坦荡、一身正气，在他的身上集中体现出来的是我们一以贯之的无私奉献的精神力量，这股力量激发我们一代又一代共产党人面对风浪考验，继往开来，为民解难，先天下之忧而忧。自参加革命工作以来，焦裕禄在党的培养和教导之下，养成了良好的工作作风。不论是在洛阳、大连，还是在尉氏、兰考，在自身生活条件并不富足的情况下，他的心中始终挂念着当地的群众，照顾着身边的同事、下属，以一颗无私无利的心给他人送去温暖。

焦裕禄的大女儿焦守凤初中毕业后在家待业，那时候教育普及程度低，初中毕业也算是个小知识分子了。一些单位提供的岗位从县委干事到学校老师，从打字员到话务员，都是很体面的工作，焦守凤听到这些单位的名字非常高兴，但是焦裕禄得知后，语重心长地对她说：你刚从学校毕业，就想从学校的大门踏进机关的大门，这是不行的，你缺乏劳动锻炼。于是，就把她安排到了兰考县食品加工厂，这个食品厂实际就是个酱菜厂。焦裕禄亲自送女儿到厂里报到，不是为了让厂领导照顾自己的女儿，而是为了叮嘱厂领导："不能因为是县委书记的女儿就给她安排轻便活，要和其他进厂的工人一样对待。"焦裕禄不仅严格要求自己，还要求自己的孩子也做到。那时候条件差，焦裕禄分到的粉条票都交到县委的食堂，分给大家一起吃。他任兰考县委书记期间也拒绝向组织申请救济，从不利用职权为自己和子女、亲属谋取任何好处。直到临终前，焦裕禄挂念的不是子女的前程，仍然是叮嘱家人"任何时候不向政府要补助、要照顾，不能搞特殊化"。

焦裕禄不仅自己不搞特殊，还时常通过生活上的小事教育家人起到带头作用。1962年6月，焦裕禄来到尉氏县任县委书记处书记，领导农业生产和农村工作，当时他经常到距县城四五里的席苏村和袁庄村调研。袁庄生产队种了几亩西瓜，焦裕禄与老农一起拔草、施肥、上水、压瓜藤，忙活了大半个春天。直到西瓜快成熟时，他才回到县城。生产队里的老农看着一个个成熟的大西瓜，自然而然地想到了焦裕禄，就派了社员袁平用骡车拉上一车大西瓜，去县城送给焦裕禄。骡车到了县委，可焦裕禄下乡去了，县委办公室的人就把西瓜放到了焦裕禄的办公室里。第二天，焦裕禄看到西瓜，问明详情后，把办公室的人批评了一顿，让人把西瓜拉回去。袁平接到县委办公室的通知赶来后，十分不愿意，就打听着把西瓜送到了焦裕禄家里。

焦裕禄仍然推辞说集体的西瓜不能收，这是群众劳动的血汗。袁平说破了嘴皮，后来又撒谎说这几个西瓜是队里分给他个人的，是他个人送给焦裕禄的。“你个人的也不能收，那是你的劳动果实。当干部的不能拿群众的一针一线。”焦裕禄语气非常坚定。两个人正在推让时，焦裕禄的几个孩子放学回来了。袁平放下一个西瓜，跑进厨房拿刀切开赶紧递到孩子们手里。没想到焦裕禄脸色一变，硬是从孩子们手里把西瓜夺了回来。最终，焦裕禄答应将切开的西瓜留下，但仍坚持让袁平把其他西瓜拉走。袁平把西瓜收拾好，驾着车就往外走，焦裕禄拿着钱塞到袁平手里，不料袁平把钱往地上一扔，驾着车就走了。可没过几天，焦裕禄又骑车去袁庄，把钱直接交给了生产队。

学习焦裕禄精神，党员干部应当时刻牢记自己的身份是公职、公仆，职责是公务、公干，维护的是公益、公利，要想服众，就必须大公无私、公私分明、先公后私、公而忘私，要学习焦裕禄反对贪图享受，反对好逸恶劳，提倡勤俭节约，提倡让利让益的思想观念。焦裕禄对下属严管、对亲属较真、对自己苛刻，坚守一心为公的原则和底线，不打着“公”字的旗号谋私利，把宗旨深深烙在心里，用人民赋予的权力全心全意为人民服务，切实做到为党分忧、为国尽责、为民奉献。

二、“严”字当头防松懈

习近平总书记指出，实实在在做人做事，做到严以修身、严以用权、严以律己，谋事要实、创业要实、做人要实，堂堂正正、光明磊落，敢于担当责任，勇于直面矛盾，善于解决问题，不搞“假大空”。焦裕禄是严于修身、严以用权、严以律己的典范。他对自己及身边人的要求近乎“苛刻”，以自己廉洁奉公的实际行动，诠释了共产党人的高尚情操和道德风范。焦裕禄在担任兰考县委书记期间制定了后来广为人知的党员干部“十不准”，其铁腕反腐的魄力，深受当地百姓拥戴。有一次，兰考县检察院工作人员在下乡检查中发现一名生产队长“贪污自肥”，原来该队长利用职务之便，偷了1.2万块砖、9000片瓦、32棵树盖了3间瓦房。此外，还偷了920斤麦种。

当时正值灾荒之年，粮食产量和社员收入都非常低，此事无疑加剧了群众的生活困难。接到情况反映后，焦裕禄对此作了长长的批示，称之为“天灾之外的人祸”。河南省档案馆至今存有当年的手稿。

为遏制当时干部队伍中普遍存在的不良作风和社会风气，焦裕禄亲自起草了《干部十不准》，其内容非常具有针对性。起草《干部十不准》的起因是自己的大儿子焦国庆有次看戏没有买票。他对大儿子说，不买票就是搞特殊化，不尊重别人的劳动成果，并要求第二天戏院开门之后，把两毛钱的戏票钱补上。《干部十不准》的出台是对党员干部的严格约束，更是体现了焦裕禄以身作则、带头示范的崇高品行。

《干部十不准》

一是不准用国家或集体的粮食大吃大喝，请客送礼；

二是不准参加封建迷信活动；

三是不准赌博；

四是不准挥霍浪费粮食，用粮食做酒做糖；

五是不准用集体粮款或向社员摊派粮款演戏、演电影。谁看戏谁拿钱，谁吃饭谁拿钱；

六是业余剧团只能在本乡、本队演出，不准借春节演出为名，大买服装、道具，铺张浪费；

七是各机关、学校、企业单位的党员干部都要以身作则，勤俭过年，一律不准请客送礼，不准拿国家物资到生产队换取农、副产品，不准用公款组织晚会，不准送戏票。礼堂10排以前的戏票不能光卖给机关干部，要按先后顺序卖票，一律不准到商业部门要特殊照顾；

八是不准利用职权到生产队或其他部门索取物资；

九是积极搞好集体的副业生产，增加收入，改善生活，不准弃农经商，不准投机倒把；

十是不准借春节之机大办喜事，祝寿吃喜，大放鞭炮，挥霍浪费。

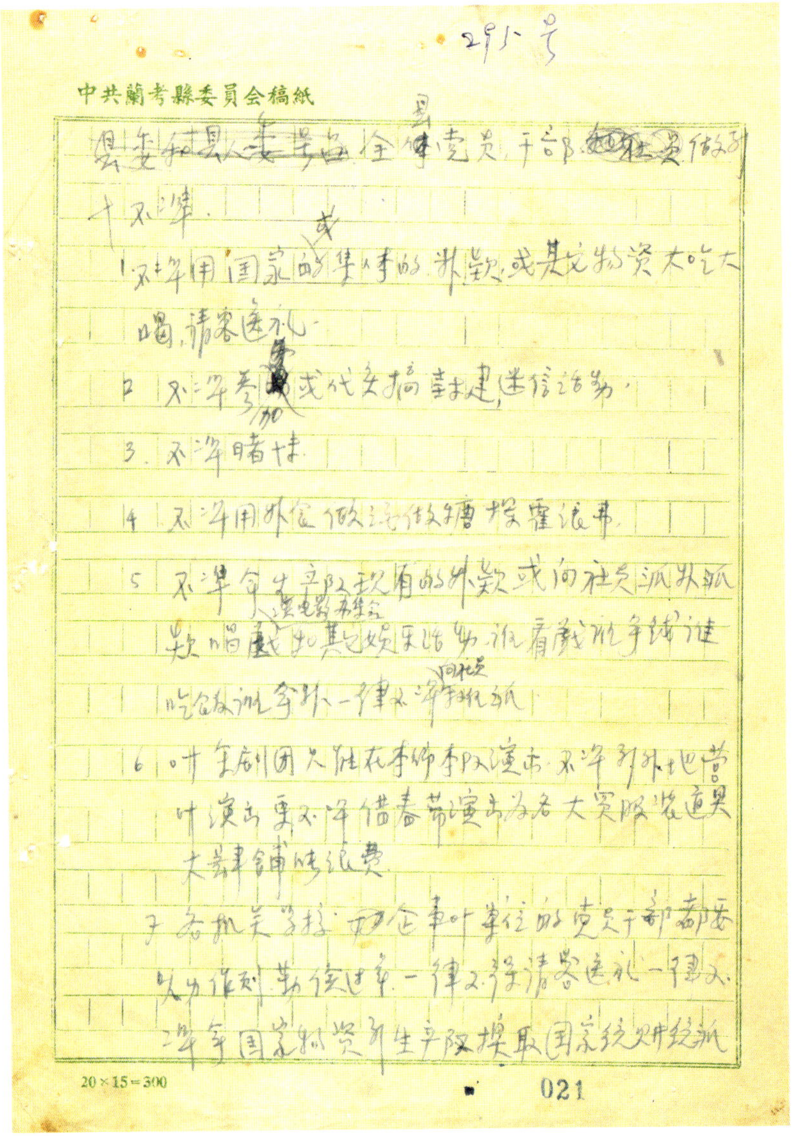

焦裕禄起草的《干部十不准》文件手稿（部分）

习近平总书记指出，管党治党，必须严字当头，把严的要求贯彻全过程，做到真管真严、敢管敢严、长管长严。以焦裕禄精神为镜，需要党员干部严格遵守党纪党规，牢记清廉为官的观念，真正做到严以用权、严以做事，始终以严的态度要求自己。对照焦裕禄精神，每一名党员干部都要拧紧世界观、人生观、价值观的“总开关”，增强政治意识、大局意识、核心意识、看齐意识，切实做到对党绝对忠诚、绝对可靠、绝对纯洁。

三、“廉”字为本保本色

廉洁从政是党员干部应该坚守的基本底线，保持廉洁操守是每名党员干部都应该有的基本修养。习近平总书记指出，全党同志都要明大德、守公德、严私德，清清白白做人、干干净净做事，做到克己奉公、以俭修身，永葆清正廉洁的政治本色。在为官从政中，党员干部不仅要做到在自身岗位上廉洁自律，而且应该在对待身边人及亲友上坚守道德原则和廉洁操守。

焦裕禄严格慎始慎独、自警自省，做到了送上门的坚决不要，递到手上的坚决不沾。焦裕禄在面对尉氏县委要用机关福利费替自己偿还100多元的欠款时，坚决不同意。他提出谁欠账谁还钱，不能占公家的便宜。来到兰考工作后，一家人更是省吃俭用，最终还清了这笔欠款。焦裕禄在得知兰考县委的机关干部替自己买好了过年用的物品时，坚决不要，同时将送到自己家的物品一一退还给有需要的同志。他用过的一条被子上有42个补丁，褥子上有36个补丁，组织看到后决定照顾他3斤棉花，他知道后就说：“那不中，我们不能多占公家一分钱的便宜，生活上的困难要靠自己省吃俭用去解决。”在病情恶化的时候，他还说：“兰考是个灾区，群众的生活很苦、很困难，吃这么贵重的药！我咽不下去！”焦裕禄哪怕自己的生活再拮据，也能够做到第一时间为别人着想，为别人让利，始终把自己的既得利益放到最后，淡漠自己的利益所得。

焦裕禄穿过的衣服

1963年春节，焦裕禄在兰考县委大院墙上的福利救济名单里看到了自己的名字：焦裕禄，救济60元。他对这件事非常重视，随即召开了机关党员大会，他态度坚决地说："分给我的救济，我一分钱也不要。"他接着又说："兰考是个重灾县，人民的生产、生活都很困难，我们时时、事事应该首先想着群众。"后来，县委组织重新筛选名单，重点照顾了8位最困难的同志。焦裕禄的一生是无私奉献、清正廉洁的一生，他为治理兰考献出了自己的生命，他的精神将永远激励着后人。他有着公而忘私、舍小为大的家国情怀，用自己的实际行动谱写了一曲曲乐于奉献、清正廉洁的赞歌。

步入新时代，廉洁自律、廉洁修身的良好素养，已经成为党员领导干部家风养成的体现。学习弘扬焦裕禄严于律己、不搞特殊的高尚品质，党员领导干部要树立党员干部廉洁从政的思想意识，紧绷拒腐防变这根弦，增强党性修养，坚持立身不忘做人之本，为政不移公仆之心，用权不谋一己之利，坚持慎独慎微、明辨是非，客观对待每一件事情，认真做好每一项工作。学习弘扬焦裕禄严于律己、不搞特殊的高尚品质，党员领导干部要对子女和身边工作人员严格要求，教育身边人时时自重、自警，处处慎欲、慎微。学习弘扬焦裕禄严于律己、不搞特殊的高尚品质，党员领导干部要重视家庭教育，弘扬讲道德、守规矩、重家风的传统美德，不断筑起反腐倡廉的家庭防线，进而助力全社会形成修身律己、崇德向善、礼让宽容的良好风气。

第三章

跨越时空的召唤

焦裕禄所生活的那个时代已经过去了，但是焦裕禄精神所代表的共产党人的价值和理念却始终如一，人民也仍然会把焦裕禄精神作为一把标尺，丈量党员干部是否符合标准。焦裕禄也早已不是一个称谓，而是一种精神符号；他不仅是县委书记的榜样，更是强大的中国精神的传承，是激励奋斗、代代相传的力量源泉。焦裕禄精神已经成为引领兰考发展的明灯、行走河南的导航；已经成为助力中国实现现代化发展的重要精神支撑；已经成为校准时代的心灵坐标、引领社会的价值航向，必将在新时代赓续传承、大放光芒。

第一节　焦裕禄精神改变兰考

一种精神，会镌刻在灵魂深处，就像清风吹起浮尘，显现出最深刻的印记。生在兰考，长在黄河岸边，听着焦裕禄的故事长大，那是一种潜移默化的信仰，总会在无意中找到追随的足迹。纵然时代变迁，精神却永未磨灭。

为了尽快实现老书记治穷的夙愿，2014年，兰考县委向前来视察的习近平总书记承诺：三年脱贫、七年小康。一诺千金重，为完成这一目标，兰考县委带领广大干部群众，以习近平新时代中国特色社会主义思想为指导，大力弘扬焦裕禄的“三股劲”，尽锐出战、攻坚克难。短短几年，兰考干字当头、锐意进取，以惊人的速度摆脱困境、一路超越，将鞭影变为箭影，留给世人一个壮丽的惊叹号。

一、千百年来的苦难

仰望焦桐，回顾历史。兰考有辉煌，也有苦难。

“得中原者得天下”，兰考毗连八朝古都开封，战略位置特殊，常年饱受战乱肆虐、百姓民不聊生，在历史上可查的战争就有1500余次。不仅如此，兰考还受黄河水患影响，连年灾害不断。据文献记载，在新中国成立之前，黄河在兰考内决口就高达143次，每一次黄河决口，对兰考人民来说就意味着家园摧毁、流离失所。

黄河是孕育中华民族灿烂文明的母亲河，流出黄土高原后，大量泥沙在下游沉积，形成了世界上著名的“地上悬河”。兰考县位于黄河的最后一道弯，在过去的近千年中，黄河兰考段大的改道就有8次，每一次黄河决堤改道都有大量百姓被洪水卷走、沿途村庄在怒涛中消失的情况发生，同时也诞生了一些在黄河臂弯中讨生存的脆弱村庄。

“中州水患，莫过于兰、仪、考。”在长期的历史发展进程中，兰考经历了两城共存—三城并立—两城共存的变化，最终整合归一。兰阳、仪封在秦朝时期归属于阳武县户牖乡，考城县最早是位于葵丘（今民权县林七乡西村），古称戴国，春秋改为谷城，秦置谷县。1949年中华人民共和国成立后，在中国共产党的领导下，最终实现了三县整合，改称兰考。1956年，又将北关、褚庙、程庄3个区（乡镇）划归民权县管辖。至此，形成现今兰考县境的版图。

“黄河西来决昆仑，咆哮万里触龙门。波滔天，尧咨嗟。大禹理百川，儿啼不窥家。杀湍湮洪水，九州始蚕麻。其害乃去，茫然风沙。”在历史区域演变中，可以看出兰考处于黄河的必经之地，屡遭黄河水患侵扰，深受其害，兰考人民在黄河滚滚之势中经受了太多的苦难。

“道光二十三，黄河涨上天。冲走太阳渡，捎带万锦滩。”[①]“春天风沙狂，夏天水汪汪；秋天不见收，冬天白茫茫；一年汗水半年糠，交租纳税恨官堂；扶老携幼去逃荒，卖了儿和女，饿死爹和娘……”这一首首民谣中描述的悲惨景象，就是兰考人不堪回首的过去。因长期处于饥寒交迫、食不果腹境地，兰考群众被逼外出乞讨。泛滥的洪水，见证了兰考人逃命的辛酸脚步。

1950年夏，淮河流域连天暴雨致使淮河水位猛涨，最终导致受灾面积达到4687万亩，灾民达1300多万人，倒塌房屋89万间，这场水灾造成数百人死亡。也是这场水灾让毛主席下定决心治理黄河水患。1952年10月29日，毛主席乘坐专列到达兰封县（当年河南省所设的县，后与考城县合并，合称为兰考县），第二天一早就来到了清朝咸丰五年（1855）黄河在铜瓦厢决口改道的地方（今兰考县东坝头镇坝头村）查看、了解黄河防汛的

① 袁小荣.毛泽东离京巡视纪实1949—1976：上卷［M］.北京：人民日报出版社，2016：32.

情况。

黄河水波涛汹涌，轰隆声震耳欲聋，席卷起来的层层浪花发疯似的一遍遍地拍打着堤岸，仿佛在向毛主席哭诉着兰考人民遭受的苦难。30日早上，毛主席来到了铁路附近西北方的一个小村子，边走边对身边的叶子龙说："这里自古以来就是个穷地方。陕北也苦，可是有地种，有窑洞住。这里不行，地里不打粮食，黄河如果决口，就什么都没了。解放几年了，不知老百姓的生活怎么样！"[①]在听了黄河水利委员会主任王化云介绍工作后，毛主席说，要彻底治理黄河水害，解决泥沙淤积问题，使黄河永远不泛滥不决口、不改道。

沿着黄河极目远眺，映入眼帘的是一大片贫瘠的土地。黄河长期处于中华文明的核心区域，是中华文化的发源地，更是孕育了华夏文明的母亲河，但它也是连年征战、乱砍乱伐造就的一条害河，毛主席面对被视为"中国的忧患"的黄河也禁不住伤感。如何化害为利，让黄河造福于人民，这是毛主席一直在想的问题。在毛主席的关怀下，这里开挖了"兰东""兰商""兰杞"三条黄河灌溉渠，改造了黄淮平原广阔贫瘠的土地，惠及了河南、山东、安徽、江苏四省的上亿农民。

1958年8月7日，毛主席再次乘专列来到兰考，视察黄河治理和农田水利基本建设的进展情况，询问兰考人民的生产生活情况。1978年，为缅怀毛主席的丰功伟绩，永远怀念毛主席两到兰考视察黄河的伟大历史，兰考人民在东坝头黄河大堤处修建了一座"毛主席视察黄河纪念亭"。

苦难的历史让兰考人民渴望过上幸福安稳的日子。新中国成立以来，在党的带领下，黄河段兰考决口问题不复存在，兰考人民不再为黄河决口忧心忡忡，但风沙、内涝、盐碱"三害"还在肆虐着这片土地，它们让兰考人民吃尽了苦头。

据《兰考县志》记载："1962年，沙荒、盐碱、涝地占总耕地面积

---

① 袁小荣.毛泽东离京巡视纪实1949—1976：上卷［M］.北京：人民日报出版社，2016：30.

41.8%，其中积水成灾20.38万亩，占受灾面积34.8%，全县成灾生产队1524个，占生产队总数61.8%，年底全县共缺粮660万公斤，有的生产队亩产粮食才43斤，分的粮食每个人一捧就拿回去了，全县36万人，19万多都是灾民……”[①]

二、振聋发聩的“兰考之问”

党和国家一直都没有忘记兰考人民。1962年，党派焦裕禄来到兰考。他深入基层，问计于民，面对灾荒压头、人口外流、四处逃亡的现状，立誓“拼上老命大干一场，决心改变兰考面貌”，带领人民找到了治理风沙灾害的办法。那段战天斗地的光辉岁月是在毛泽东思想指引下兰考政府向人民的履诺践行，是共产党人向贫困斗争到底的坚定决心。毫无疑问，他做到了，治理了黄沙漫天，改善了盐碱水患，昔日的风沙地成为如今的良田沃土。

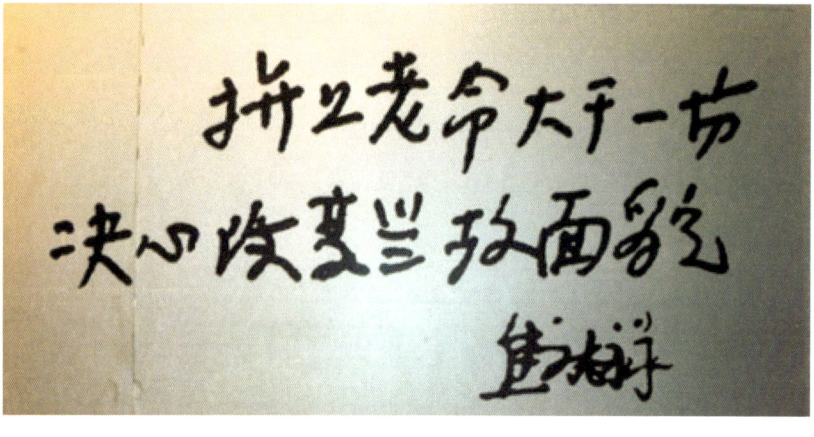

焦裕禄手迹

① 河南省兰考县地方史志编纂委员会.兰考县志［M］.郑州：中州古籍出版社，1999：12.

焦裕禄带领兰考人民除“三害”，初步解决了救灾和吃饭问题。改革开放后，“三害”在兰考成为历史，但贫困却始终是压在当地人民头上的“一座大山”。建设一个生产发展、生活富裕、生态良好、社会和谐的新兰考，是焦裕禄的遗愿，是兰考人民的心愿，也是中原崛起的需要。

兰考的发展之路并不平坦，2002年被确定为国家级扶贫开发工作重点县，2011年被确定为大别山集中连片特困地区重点县，2014年建档立卡时全县贫困村共有115个，贫困人口23275户共计77350人，贫困发生率达10%。曾经的张庄村是兰考县最大的风口，沙丘遍布、土地贫瘠、收成低下、村民生活困难。可以说，兰考在焦书记的带领下发生了翻天覆地的变化，但却依然没有彻底摆脱贫穷，还有7万多贫困人口依然过着苦日子。

2014年1月，中共中央办公厅印发了《关于开展第二批党的群众路线教育实践活动的指导意见》，第二批党的群众路线教育实践活动正式开启。习近平总书记把兰考作为第二批党的群众路线教育实践活动的联系点。同年3月17日至18日，习近平总书记视察兰考，在座谈会上，他要求兰考县要“在确立标准、坚持标准上有一个好的探索和实践”；发出了“焦裕禄在兰考工作时间并不长，但给我们留下这么多，我们应该给后人留下些什么？”的“兰考之问”。

“兰考之问”，问出了压在人民心中已久的心声。当年，焦裕禄以“俯首甘为孺子牛”的公仆精神，强忍病痛折磨，带领兰考县36万群众治理三大自然灾害，让这个一直以来灾害肆虐的地方焕发出新的生机。然而50年过去了，兰考为什么还是没有摆脱贫困？“兰考之问”，触及了干部的灵魂，引起了兰考干部的深思。经过这次民主生活会，县委常委重新审视了自己的思想、工作、状态，发现兰考发展不起来的内在原因是：干部联系群众不紧密，个别同志存在脱离群众现象；对焦裕禄精神领会不透、笃行不够。用时任兰考县委主要领导的话来说，就是群众意识淡薄，把自己当成官了，没有心甘情愿当人民的“儿子”。“兰考之问”，让兰考的党员干部深刻反省了自身在思想作风建设和工作干劲方面的问题。

在民主生活会后，兰考县委班子认真领会习近平总书记的谆谆教诲，再学焦裕禄事迹和精神，不断转变思想、提高认识。针对班子对照检查出的问题以及会上提出的意见、建议，兰考县委认真梳理问题清单，逐项制定整改措施。建立责任台账、开门整改，坚持从严从实、立行立改，坚持走群众路线，关注民生、聚焦发展，以思想转变带动工作作风转变。县委常委纷纷表示，要按照习近平总书记的要求，决心苦干实干拼命干，把中央精神和习近平总书记指示落实到位，向老百姓交上一份满意的答卷。

随着第二批党的群众路线教育实践活动深入推进，兰考干部队伍面貌发生了巨大变化，选人用人导向上也有了明显改观，时任县委书记王新军更是在干部大会上亮明原则：县委靠党性用干部。面对习近平总书记的嘱托和全县人民的期盼，兰考县委、县政府郑重许下了“三年脱贫、七年小康”的承诺。

目标已经确定，战役迅疾全面打响。找到了兰考发展滞后的原因后，兰考以习近平总书记提出的县域治理“三起来”（把强县和富民统一起来，把改革和发展结合起来，把城镇和乡村贯通起来）为方针，上下齐心、解放思想、创新思路、大干快干。

三、新时代兰考的蝶变

“活着我没有治好沙丘，死了也要看着你们把沙丘治好！”半个多世纪过去了，焦裕禄魂牵梦系的兰考，“三害”早已难见踪影。曾经的大风口，现在的明星村，家居制造、食品加工、战略新兴产业等越来越多的产业形态在兰考生根发芽、开花结果，正大、禾丰、格林美、富士康、光大等行业龙头企业相继进驻兰考。兰考实现了向绿色生态、高质量发展的华美蜕变，成为一个记得住乡愁、走进来、留得下的“明珠兰考”。焦书记看到了：兰考人民不仅治好了沙丘，还过上了好日子、美日子，实现了“兰考之变”。

2017年2月，兰考县正式退出贫困县序列，全县经济社会实现了跨越式发展：贫困人口由三年前23275户的77350人，减少至3511户7046人，贫困发生率降至1.27%。

（一）吹响脱贫攻坚的号角

村看村、户看户，群众看干部。在兰考的每个贫困村，驻村工作队既是脱贫路上不可或缺的领头雁，也成为群众观察干部作风和思想转变的一面镜子，更是党带领人民迈向发展致富路的一线“螺丝钉”“拓荒牛”。

焦裕禄说过：“干部不领，水牛掉井。”脱贫攻坚对于贫困县来说，不仅是一副老担子，还是一副重担子。想要完成这一艰巨任务，领导干部的带头作用一定要发挥到位。兰考县召开专题会议，建立了科级干部带队、后备干部参与的扶贫工作队选派机制，从县乡两级选派优秀后备干部，组成扶贫工作队奔赴各个贫困村。工作队在乡镇（街道）党委的领导下配合村“两委”开展工作，以队员为代表，单位为后盾，一把手负总责，从各乡镇（街道）明确多名优秀干部入驻，专职从事基层党建和扶贫工作，按照对驻村工作队员的要求对其进行管理和考核，实现所有行政村驻村帮扶工作全覆盖，确保每个贫困村都有帮扶工作队、每个贫困户都有帮扶责任人，村村有脱贫规划、户户有脱贫措施，切实做到不脱贫、不脱钩，不拔穷根，不撤队伍。

为了驻村工作扎实有序开展，确保帮扶工作人员真蹲实驻、真帮实扶，县里对驻村帮扶工作实施严格管理，注重加强对帮扶人员的业务技能培训，提升帮扶干部开展扶贫工作的能力和素质。组织驻村工作队、协管员把劳动力就业情况摸清，住建局、商务局、科工信局等部门把全县工业、商贸服务业、建筑业等企业用工情况摸清，人力资源社会保障局建立全县人力资源信息平台，实现企业用工和群众就业精准对接。

兰考脱贫的实践，不仅唤醒了干部群众骨子里的干劲，也锤炼了队伍，肃正了作风，兰考全县上下形成了“领导领着干，干部抢着干，群众跟着干”的浓厚干事创业氛围。

扶贫工作贵在精准，重在精准，成败之举在于精准。精准施策是实现脱贫攻坚成效的关键环节。只有针对农户致贫的原因开出脱贫“药方”，才能治愈“穷病”奔向小康。为了确保扶贫攻坚的精准化和有效性，兰考县以“六个精准”为导向，推动村级档案标准化建设。为每个贫困户建立了标准化的档案，一户一个编号、一户一个档案，档案内有扶贫手册、贫困户信息及帮扶情况等11项内容，细化了贫困户各项信息指标，记录了对贫困户的帮扶措施、成效及脱贫过程，实现“一户一档”。

针对贫困户致贫的不同原因，政府因村因户制宜地制定了12项精准帮扶政策，大大提高了扶贫成效。对已脱贫户，实施保险、产业扶贫、外出务工补助、大学生补贴、危房改造、雨露计划等6项政策，确保其收入稳定不返贫。对这类群体，以产业扶贫为突破口，配套“三位一体”“四位一体”“信用等级评定”授信等多项金融措施，助力其尽快脱贫致富奔小康。对未脱贫户中的一般贫困户，除了落实以上6项政策，还增加了医疗救助、中小学教育救助、光伏扶贫的新政策，确保该类贫困户不会因学、因病再返贫。对兜底的贫困户，除了落实以上9项政策，新增兜底人员全部纳入低保，60岁以下人员给予临时救助，人均土地不足1亩按每亩收益500元差额补助等3项政策，确保底兜得住。对低收入人群按照强劳力、弱劳力、无劳动力进行分类帮扶，加强对精壮劳动力培训，努力做到人人持证，精准解决就业703人；关注留守妇女、弱劳动力，开发公益性岗位10326个。

此外，兰考县还通过金融扶贫与产业扶贫两种主要扶贫方式双管齐下，既探索多种扶贫新方式，又增加贫困户的收入。一方面，政府搭台金融助力推进金融扶贫。在中国证监会的指导下，兰考县探索建立了政府主导、金融支持、企业发展的“三位一体”的金融扶贫模式，即将财政扶贫资金作为风险补偿金存入银行，银行按基准利率扩大10倍放贷给企业，支持企业发展；同时，企业拿出贷款额的10%作为扶贫资金，交乡镇政府用于扶持贫困户，实现政府、银行、企业、贫困户“四赢”。另一方面，还构建了县域支柱产业，推进产业扶贫，引进了格林美、晓鸣禽业等上市公司，创造就业岗位、增大县级财力、带动农户共同发展经济；探索建立市场化扶贫机制，设立市场化运作的扶贫产业投资基金，重点投向县域扶贫产业，促进县域经济的转型升级。

几年来，兰考干在实处、精准发力，走出了一条特色脱贫路子，2017年初在全国第一批率先脱贫摘帽。中宣部“改革开放与中国扶贫国际论坛”、中联部“中国共产党的故事——习近平新时代中国特色社会主义思想在河南的实践”专题宣介会、全国扶贫办主任座谈会相继在兰考召开，全国1100多个县区10146批次31万人次，国际考察团8批564人次莅兰交流脱贫攻坚，为全国脱贫攻坚贡献了“兰考智慧”。而后荣获全国文明城市、国家园林城市、国家生态文明建设示范县、“四好农村路”全国示范县、全国普惠金融改革试验区、全国农村人居环境整治激励县等荣誉。

兰考县稳定脱贫奔小康誓师大会

2020年，兰考被确定为全国首批脱贫攻坚交流基地、河南省乡村振兴示范县和县域治理“三起来”示范县。2021年2月25日，在全国脱贫攻坚总结表彰大会上，兰考县委荣获“全国脱贫攻坚先进集体”称号，习近平总书记亲自为兰考颁奖，并鼓励兰考人民要再接再厉，一定不要忘记焦裕禄精神。这是对兰考工作的高度肯定，兰考人从来没有这样自信满怀。

“兰考能有这么大的变化，最感谢两个人，焦裕禄带咱治了沙，习近平总书记领咱脱了贫！”是啊，正是有了像焦裕禄这样的好党员、好干部才带领人民走上了幸福的康庄大道，有了习近平总书记的掌舵领航才为百姓增添了奔小康的信心和决心。也正是因为他们，兰考提前兑现了“三年脱贫”的庄严承诺。这份承诺的兑现，是焦裕禄精神在兰考大地被践行、被弘扬的生动注脚。

“夫兰考之追梦兮，欣慰沧桑正巨变；映古今之镜鉴兮，情怀富庶甲一方。”曾经，兰考的穷闻名全国；今天，看过兰考的人们，都惊叹于兰考日新月异的变化。但是，穷了几十年的兰考，在全国率先脱贫摘帽，兰考闯出的到底是一条什么路？面对来自全国各地人们关切的追问，时任县委书记总会这样回答：兰考的脱贫道路并不神奇，它是焦裕禄走过的路，是习近平总书记反复指出的共产党人应该走的路，是一代代共产党人接力奋斗，带领兰考人民蹚过了一道道难关，持续向贫困宣战，把反贫困的压力变成持续发展的动力。

（二）乡村振兴铺开新画卷

步入新发展阶段，贯彻新发展理念，融入新发展格局，兰考既要守牢不发生规模性返贫和新致贫底线，还要勇立潮头、开拓进取，在巩固成果上有招数，在乡村振兴上走在前，在县域经济社会发展上作示范，努力把联系点建成县域践行习近平新时代中国特色社会主义思想的示范点，走出一条可借鉴、可推广的共同富裕之路。

从大力发展畜牧业到壮大现代家居产业体系，从民族乐器产业的不断壮大到发展绿色产业，争取“双碳”示范基地……兰考的每一步都走得坚实有力。

兰考以蜜瓜、红薯、花生“新三宝”特色产业为抓手，塑造出“拼搏兰考好产品”，推动了产品的标准化、规模化和品牌化发展，不仅充分利用了土地、劳务等合作社和家庭农场等新型经营组织，还促进了小农户与现代农业的有效衔接。据统计，兰考依托354家合作社和215家家庭农场在2022年带动了8.4万余人参与发展和增收，全县土地规模流转率更是达到60%以上，通过与北京新发地农贸市场合作，引进了6位北京新发地“销售大王”，在本县建设的特色产业种植基地就达1万亩。除此以外，兰考还依托正大、禾丰、首农、蒙牛等龙头企业，实现了畜牧产业集群，2022年全县禽、牛、羊年出栏量分别达到2952万只、7万头、90万只，优质饲草种植达15.3万亩。同时，县里加快推进农产品“三品一标”认证，无公害农产品认证数量达到137个，绿色食品认证数量达到108个，有机农产品认证2个，农产品地理标志认证3个，[①]兰考县成为河南省第一个绿色食品破百县，“拼搏兰考好产品”获得中国农产品百强标志性品牌。获批创建首批全国整县域推进高标准农田建设试点县，新建高标准农田10个万亩方11.84万亩，[②]高标准农田建设推进“五主”模式在全省推广，成功创建全国农业现代化示范区。

充分发挥产业集群效应，助力强县富民迈上新台阶。从最初的板材粗加工业发展培育成现代家居，兰考形成家居特色小镇，曲美、欧派、索菲亚、大自然、皮阿诺等上市企业落户兰考，TATA木门生产线有一半是在兰考，更是带动了南彰、红庙、堌阳、东坝头、孟寨、闫楼等6个乡镇专业园区发展和吸纳就业，全县家居及木制品行业达到1700多家，2023年现代家居产业链产值突破423亿元、[③]带动了上万人的就业，成为唯一获批的“河

① 数据来自2023年3月23日兰考县人民政府经济发展篇。

② 数据来自2024年2月22日兰考县政府工作报告。

③ 数据来自2024年2月22日兰考县政府工作报告。

南省木制品进出口基地”，成功入围河南省中小企业特色产业集群，逐步形成品牌家居、定制家居集散地。为了更好叫响“河南人买家居到兰考”，兰考还成功举办中国·兰考定制暨软体家居博览会和万家灯火·全民家居采购节，连续4次开展上下游对接活动。

挡风沙的一排排、一片片泡桐，由“挡风墙”汇聚成“绿色宝藏”。以泡桐为原料的木加工业历经岁月沧桑和市场洗礼，一步步壮大为造福兰考人民的重要产业。站在脱贫的新起点上，被纳入国家贫困村的徐场村，充分发挥拥有千亩泡桐木的优势，大力发展用泡桐木做音板的民族乐器加工业，通过金融贷款支持、申报省级特色旅游村、开发电商等措施，并统一技术培训、统一品牌、统一进行农户院墙改造，迅速崛起为“中国民族乐器村”。

泡桐的花语是永恒的守候，徐场村的村民、兰考县的人民会继续守护好泡桐林，就像一直激励着他们前行的焦裕禄精神。2022年，兰考县正式成为“中国民族乐器之乡”，依托泡桐资源持续在民族乐器发展方面下功夫，加强与浙江音乐学院、中央民族大学音乐学院合作，提升品牌价值，通过课程、考级、营销策划、输出教育产品等开展研学，举办文艺汇演百余场，建设音乐小镇，形成了民族乐器生产制作、展示、销售、电商、物流、演艺、培训为一体的完整产业链。截至2023年5月，兰考县本地的各类民族乐器及配套企业就有287家，全村年产古筝、古琴、琵琶等各类民族乐器70万台（把），音板及配件600万套，出口美国、德国、法国等多个国家和地区，产品产量约占全国的33%，从业人员1.8万余人，年产值30亿元，市场占有率达到35%。[①]目前，上海民族乐器一厂有限公司兰考生产基地项目还在稳步推进，这个起步于1990年的民族乐器制造地正在高歌猛进，异军突起。

① 曹晶瑞.河南兰考泡桐花绽放，“中国乐器村”徐场村进入销售旺季［N］.新京报，2023-05-11.

中国·兰考民族乐器学术交流会开幕式

为了积极践行“绿水青山就是金山银山”的发展理念，兰考县围绕建设“无废城市”，依托光大、格林美、中电建生物质制气等企业，与乡村生活垃圾分类结合起来，推进收储运和循环利用一体化，树杈秸秆、畜禽粪便、电子废弃物等都实现“变废为宝”，投资50亿元的国电投新能源产业园开工建设，可再生能源发电量占比达90%，成功入选“十四五”时期国家“无废城市”建设名单。推动生产生活方式绿色转型，建设河南省循环经济示范园区，在生态环境得到改善的同时，群众也获得收益，顺利通过国家巩固脱贫成果后评估和资金绩效评价考核，国家乡村振兴局将兰考确定为县级联系点，获批创建全国乡村振兴示范县。

2023年是新冠疫情后经济快速恢复发展的第一年。面对复杂多变的国内外经济形势，兰考县委、县政府迎难而上、担当作为，经济总量不断实现新突破，全县生产总值完成410.48亿元、增长2%；一般公共预算收入完成33.85亿元；固定资产投资增长15.8%；规模以上工业增加值增长2.3%；

社会消费品零售总额增长5%；全县金融机构存款、贷款余额完成446亿元、441亿元，[①]城镇和农村居民人均可支配收入分别为32472元、19617元，分别增长3.7%、7.7%，[②]全县经济发展呈现稳定向好、稳中提质的良好态势。

“光脚穿上鞋容易，关键是以后的路怎么走。”令人欣喜的是，兰考的乡镇和村庄尽管有了政策保障和精准落实，但精准脱贫并没有止步于将政策红利“吃干榨净”，一批可行的项目和可持续的产业加速推进，正在走向县、乡统筹一村一特色，脱贫与致富呈现无缝衔接的良好态势。

伴随着家乡兴旺，一批批外出打工者也踏着思归的脚步返乡了。这些走进兰考的脚步，开拓了兰考从求生存到求发展、从摆脱贫困到全面小康的宽广道路，见证了兰考人民从被风沙洪水肆虐到物阜民丰的筑梦征程，体现了一代代的中国人民前仆后继、矢志不渝地追寻幸福和美好的生活。

（三）迈向幸福新兰考

悠悠万事，民生为大。“民生是最大的政治。”保障和改善民生是“立党为公，执政为民”思想的具体体现，需要踏石留印、抓铁有痕，实现经济发展和民生改善良性循环。当国家富强之梦与人民幸福之梦交织在一起，定能迸发出改变命运、创造历史的伟大力量，推动中华民族在伟大复兴的道路上不断阔步前进。

奋起的脚步，建设的脚步，奉献的脚步，开放的脚步……伴随着各种各样的脚步，兰考在时光的隧道里蜕变成悠长而朴实、富足而祥和的模样，人民过上了富裕、幸福的生活。

焦裕禄经常说：“共产党员应该在群众最困难的时候，出现在群众面前；在群众最需要帮助的时候，去关心群众、帮助群众。”在推进乡村振兴与共同富裕的进程中，兰考充分聚焦民生领域，为群众创造高品质生活，大力

---

① 数据来自2024年2月22日兰考县政府工作报告。

② 数据来自2024年2月20日，兰考县委书记陈维忠在全县三级干部会议上的讲话。

开展公益事业，实现兰考人民的幸福生活。

在教育上，兰考不断优化教育布局，坚持教育要从基础抓起、从普惠抓起、从育人抓起、从内在规律抓起，大力推进优质均衡教育，强化寄宿制中小学建设，让学生就近就地就优接受教育。2023年，撤并中小学校15所，新建扩建学校3所，腾退教室194个，新增学位1.3万个；2023年，考入“985”“211”院校学生149人，3名学生被清华、北大录取，高考取得近20年来最好成绩[①]。学校建菜园，小学不低于5亩地，初中不低于10亩地，既让学生体验劳动生活，又能给学校提供新鲜蔬菜，改善伙食，同时依托县内龙头农牧企业，建设中小学实践基地，丰富学生课外活动。

在医疗上，兰考建设了由县中心医院牵头，其他县级医疗机构、乡村卫生院和村卫生室为成员的紧密型县域医共体，推进全县医疗器械、人才队伍等资源整合利用，提升分级诊疗效果，解决看病贵、看病难问题。为了进一步提升全民健康水平，中心医院迁建项目有序推进，中医院门急诊、医技综合楼建成并投入使用，逐步探索形成“政府主导、分级分类，‘两院’一体、医养互促，四化并举、普惠兜底”的医疗体系，加强以老年人群为重点的高血压、糖尿病“两慢病”管理，实施青少年明眸皓齿工程，促进癌症五年生存率提升，提高全民健康水平。

为了推动兰考县养老服务工作高质量发展，打造出“全域养老夕阳红”兰考模式。在城区探索了“公建民营”养老服务机构发展模式，构建以居家为基础、社区为依托、机构为支撑、医养康养相结合的养老服务体系；在农村，宅基地改革中统筹考虑农村养老住房保障，利用闲置学校等建设老年集体公寓和幸福照料中心，确保老有所养。闫楼乡郭西村支书吴扎根，想方设法筹集资金340万元，通过宅基地改革腾出土地18.4亩，利用村内闲置宅基地打造一座拥有标准化独立卫生室、共享食堂、老年人活动中心、无障碍设施、一键式电话、全区域监控等现代化养老设施的村级养老中心，

① 数据来自2024年2月22日兰考县政府工作报告。

兰考新貌（焦裕禄干部学院　李广通摄）

兰考新貌（焦裕禄干部学院　李广通摄）

让一批有养老需求的老人在“不离村”的情况下，享受高效、优质、便捷的养老服务。兰考通过社会化改革，延伸居家养老服务，建设家庭养老床位以及养老机构等级评定等方式，真正实现老有所依、老有所养、老有所乐。

此外，兰考县采取多管齐下、完善保障机制等措施，促进公益事业发展。鼓励群众、乡贤和在外创业成功人士开展捐资、捐物、捐力的“三捐”活动，激发群众参与发展公益事业的主动性；成立兰考慈善总会，由正县级干部担任慈善总会会长，创新实施“幸福家园”工程，从2021年起已连续3年开展的“99公益日”活动，取得了良好反响，2023年募集资金位居全省第一位，募集到的资金用于乡村人居环境改善等；鼓励爱心人士和企业自愿为公益做贡献，比如兰考景柱奖学金就是由兰考在外乡贤、海马集团董事长景柱发起的，用于资助本科考入“985”高校的兰考籍学生每人每年5000元，这充分激发了学子报效祖国、回报家乡的桑梓情怀。另外，政府还大力号召村民每人每年捐出18元，采取“村收、乡管、民用”的模式，通过“四议两公开”的工作方法，用于人居环境提升、公共服务开支和基础设施维修，每年集中开展三次人居环境“清零行动”（麦收后、秋收后、春节前），人居环境由原来的“脏乱差”变成现在的“洁净美”，群众的获得感和满意度明显提升。政府还建立了爱心美德公益超市，超市里所有商品没有价格，只有对应的积分，老百姓可以凭借积分到爱心美德公益超市兑换日常生活所需品，以劳动换取积分，比如每天把院子打扫干净，东西摆放整齐，只要驻村工作队检查认为合格，就能收到10分的积分券，一个月最多能得40分。所有兑换的物品都来自社会各界爱心人士的捐赠，发挥爱心美德公益超市积分的激励作用，让其成为乡村振兴路上的“加油站”。

兰考遵照习近平总书记的嘱托，不止步、不停步，在脱贫攻坚的基础上蓄势待发，瞄准更高目标，干在实处、走在前列，不断取得经济社会发展的良好成效，在县域治理能力和治理体系现代化方面蹚出了一条新路，构建了新时代县域经济高质量发展的“兰考方案”。可以说，兰考的幸福新画卷不仅描绘了一县之梦、一省之梦，象征着人民安居乐业、高品质生活的中国图景。

如今的兰考张庄已经变成绿树掩映的庭院，翰墨飘香的画室；乡村记忆馆里，一件件承载着历史记忆的旧物件安静地回放着时光；30多家农家乐里，游客笑语喧哗；红薯醋、花生糕的作坊里，独特的香味浸润着乡村的黄昏……兰考县87万干部和群众在传承“三股劲”、践行“三起来”、赶考“三新路”中，在县域综合改革创新、城乡融合发展、脱贫地区共同富裕中“走在前，做示范”，在“干”中凝聚起“干劲”，在“谋”中规划好“思路”，在“创”中引领出“示范”，人民群众的获得感、幸福感和满意度不断得到提升。

第二节 焦裕禄精神引领河南

伟大的时代孕育伟大的精神，伟大的精神推动伟大的事业。回顾焦裕禄在为党和人民的辛勤工作中，有17年的时间都奉献在河南。尉氏县、杞县、郑州市、洛阳市、兰考县都有他奋斗的足迹，有他光辉的故事。几十年来，他的名字享誉中原、传遍神州，他的事迹家喻户晓，代代相传。焦裕禄精神发源于河南，又引领河南发展，始终激励着亿万中原儿女锐意进取，成为推动河南改革开放、全面建设小康社会、加快中原崛起的强大精神动力。全省人民持续深学、细照、笃行焦裕禄精神，持续书写着新时代中原出彩的绚丽篇章。

一、以焦裕禄精神强筋壮骨、培根铸魂

焦裕禄精神是一种引领希望的精神，它鼓舞共产党员始终站在时代潮头，不畏艰难，带领群众谋幸福；焦裕禄精神是一种民心所向的精神，它要求共产党员牢牢根植于人民之中，始终与人民群众心连心、同甘苦、共命运；焦裕禄精神是一种拼搏创新的精神，它激励共产党员以百折不挠的勇气和智慧，创造伟大的实践。从革命和建设时期到改革开放时期再到新时代，河南把焦裕禄精神作为干部作风建设的重要载体和不甘落后、不断前进的内在动力。中原儿女也以不屈的奋斗、拼搏的干劲传承弘扬焦裕禄精神，让其成为广大党员干部的自觉行动，并不断赋予焦裕禄精神以时代内涵、时代特色、时代风采。

（一）焦裕禄精神行在河南

1964年5月14日，焦裕禄同志永远离开了我们，随着长篇通讯《县委

书记的榜样——焦裕禄》的刊发，全国上下掀起了学习焦裕禄精神的热潮。河南省委发出通知，号召全省党员和干部特别是领导干部，向毛主席的好学生、党的好干部、人民的好儿子、县委书记的榜样——焦裕禄同志学习。紧接着，开封地委、兰考县委也作出向焦裕禄同志学习的具体安排。《河南日报》专门开辟出《学习焦裕禄同志的革命精神》专栏，鼓励河南全体党员干部高举毛泽东思想伟大旗帜，学习和发扬焦裕禄同志的革命精神，在彻底改变河南面貌的斗争中贡献出自己的一切！兰考县委、县政府还专门建立焦裕禄同志纪念馆，以便全国各地各行各业的干部群众到兰考学习。至此，全省上下进入学习焦裕禄精神的热潮中。

改革开放以后，河南省为更好地推进社会主义现代化建设，大力加强党风建设，增强党的凝聚力和战斗力，1990年5月，中共河南省委印发了《关于深入学习焦裕禄精神的决定》，要求全省广大党员干部充分认识新形势下学习焦裕禄精神的重大意义，切实掌握焦裕禄精神的实质，加强领导、联系实际，把学习焦裕禄精神的活动深入、扎实、持久地开展下去。随后，开封市委、兰考县委也分别发布了《关于开展向焦裕禄同志学习活动的决定》和《关于深入学习焦裕禄精神的决定》。《河南日报》先后刊发《继续学习和发扬焦裕禄精神》和《焦裕禄精神常青》文章，既缅怀焦裕禄，又鼓励全省党员做焦裕禄那样的好干部，切实为河南省推进改革开放伟大事业，助力河南经济建设添砖加瓦。随着影片《焦裕禄》在省内的宣发和放映，焦裕禄的故事家喻户晓，焦裕禄精神得到进一步宣传和弘扬。此次开展的学习焦裕禄精神的活动，对广大党员干部和人民群众起到了巨大的鼓舞、教育和推动作用，激发了全省人民团结一心，攻坚克难的勇气和决心。

2009年，时任国家副主席习近平在视察兰考后，中共河南省委发布了关于新形势下深入学习大力弘扬焦裕禄精神、加强党性修养、切实改进作风、推动科学发展的决定，并庄严地发出号召：以习近平同志视察兰考总结提炼焦裕禄精神为契机，进一步在全省上下掀起深入学习大力弘扬焦裕禄精神的热潮，为实现我省经济社会发展新跨越新崛起提供强大动力。河南省委专门成立学习弘扬焦裕禄精神活动领导小组，各省辖市、县市区成立相应的领导机构和工作机构，制定具体的实施意见。与此同时，《河南日报》刊发《时代呼唤焦裕禄精神》、《让焦裕禄精神在中原大地永放光芒》文章，呼吁全省各级党组织和广大党员干部要充分认识这一重大活动的必要性、重要性，精心组织，扎实推进，让生生不息的焦裕禄精神发扬光大，营造全省人民学习焦裕禄精神的良好风尚。全省158名县（市、区）委书记积极响应省委号召，在《河南日报》上联合发出给全省党员干部的倡议书：“学习焦裕禄品质，弘扬焦裕禄精神，争做焦裕禄式干部，争创焦裕禄式业绩。”全省广大党员干部下基层，县委书记带头“走千乡访万村”，尽心竭力为群众办好事、解难事、干实事。以群众呼声为第一信号、群众利益为第一追求、群众满意度为第一标准，在引领文明风尚、服务百姓生活、

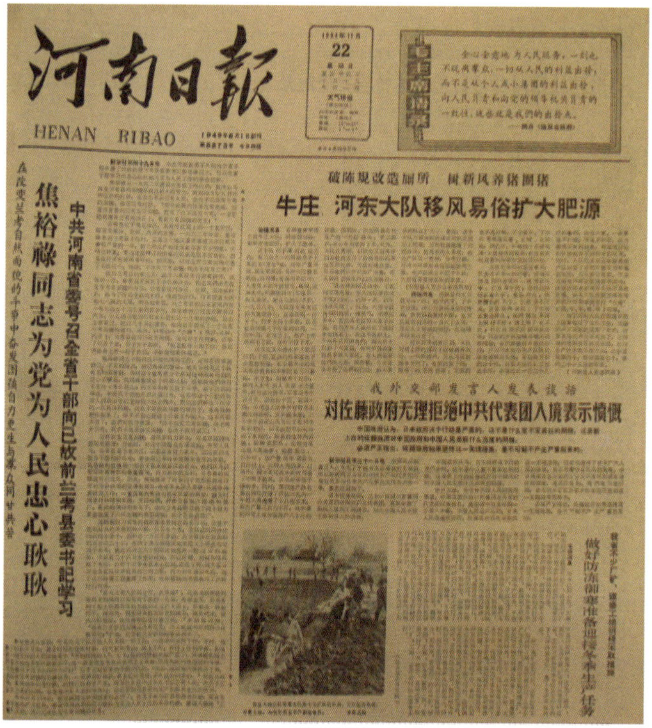
河南日報

HENAN RIBAO

中共河南省委号召全省干部向已故前兰考县委书记学习

焦裕祿同志为党为人民忠心耿耿

在改变兰考自然面貌的斗争中奋发图强自力更生与群众同甘共苦

破陈规改造厕所 树新风养猪圈猪

牛庄 河东大队移风易俗扩大肥源

我外交部发言人发表谈话

对佐藤政府无理拒绝中共代表团入境表示愤慨

做好防冻御寒准备迎接冬季生产任务

《河南日报》刊文《焦裕禄同志为党为人民忠心耿耿》，号召向焦裕禄同志学习

解决实际问题中凝聚群众，不断增进民生福祉。

几十年来，河南各级党委、政府多措并举大力宣传、弘扬焦裕禄精神，教育党员干部学精神、强党性、重践行，让政治意志更加坚定，让宗旨意识更加强烈，让担当精神更加充足，让干事劲头更加有力。在改革开放和新时代的发展大潮中，经济社会发展得又好又快，广大人民群众过上了更加美好幸福的生活，焦裕禄精神的旗帜在中原大地上高高飘扬。

（二）用焦裕禄精神淬炼干部党性

玫瑰之所以绚烂，是经历了风霜洗礼；党性之所以纯洁，是经历了烈火的淬炼。进入新的历史时期，我们党面临“四大考验”“四种危险”，以习近平同志为核心的党中央始终保持清醒头脑，深刻指出党内脱离群众的现象，集中表现在形式主义、官僚主义、享乐主义和奢靡之风上。“四风”问题，归根到底是这些党员干部迷失了方向，把群众观点给丢掉了。在党的群众路线教育实践活动中，河南围绕深入学习习近平总书记系列重要讲话精神，以“学习弘扬焦裕禄精神，做为民务实清廉表率”为号召，要求党员干部对照焦裕禄精神做到“六问、六带头”①，“照镜子、正衣冠、洗洗澡、治治病”，在纠正“四风”、改进作风、推动科学发展上取得了实际成效。运用焦裕禄干部学院等党性教育基地，开展县（市、区）委书记全员培训，组织新任县委书记到焦裕禄纪念园实地接受教育，向全社会公开承诺争做焦裕禄式好干部，并跟踪问效。

经过党的群众路线教育实践活动、“三严三实”学习教育等活动的洗礼，河南省广大党员干部反“四风”转作风，干事创业热情高涨，党风政风出现许多新变化、新气象。河南省充分发挥党校、行政学院、干部学院主渠道、主阵地的作用，在各类主体班次中将理想信念教育和党性教育作

① “六问”：党员要问自己是否做到一心为民、真抓实做、敢于担当、科学求真、艰苦奋斗、廉洁奉公；“六带头”：就是以焦裕禄为榜样，带头学习提高、带头服务群众、带头开拓创新、带头务实重干、带头廉洁自律、带头推动发展。

为必修内容。全省五大干部学院专门建立以理论武装和党性教育为主要内容的专题班次，紧紧围绕党员干部在理想信念和道德品行方面存在的突出问题，有针对性地设置理论武装、党性锻炼、现场体验等教学模块，帮助党员干部夯实理想信念和道德品行的思想理论基础。其中，焦裕禄干部学院作为全国宣传弘扬焦裕禄精神的主阵地，积极发挥先进典型的引领示范作用，坚持用焦裕禄这一先进人物的事迹教育广大党员干部，激发党员干部“见贤思齐”的内生动力：不断构建红色培训大格局，重点围绕焦裕禄精神、习近平总书记在河南的调研考察、传统文化、黄河流域生态保护和高质量发展等方面，打造“四线路四链条”①，为淬炼党员干部党性提供鲜活生动的课堂；不断更新延伸干部教育内容，结合新时代发展要求和广大党员干部培训需求，以坚定理想信念、提升道德品行为内核，对党员干部开展理论教育、党性教育和履职能力提升教育，为推动党员干部能力作风建设增质增效；不断创新教学模式，开展专题教学“习近平新时代中国特色社会主义思想的精髓要义”“焦裕禄精神的形成与时代价值”“从焦裕禄感悟中国共产党人的斗争精神”“向焦裕禄学调研”、案例教学“做大‘梨产业’，托起振兴梦——兰考乡村振兴的何寨启示”“传承‘三股劲’，农田变良田——兰考红庙镇高标准农田建设的探索”、激情教学“唱响主旋律　奋进新征程”、沉浸式教学剧目《您好　焦裕禄》《传承——做焦裕禄式最美奋斗者》等，为党员干部培训提供一批精品课程和培训内容。

多年来，河南省立足于建设高素质执政骨干队伍，研究制定学习弘扬焦裕禄精神、争做焦裕禄式好干部的具体举措，树立先进典型，搞好示范带动，以焦裕禄精神不断淬炼广大党员干部党性，不断推动党员干部拥护“两个确立”、做到“两个维护”的思想根基筑得更牢、中央八项规定精神堤坝不断加固、“惩”“治”“防”的综合效应更加明显。在河南，焦裕禄这

---

① “四线路四链条”：“习近平总书记在河南调研”教学线路、“焦裕禄人生轨迹”教学线路、“红色精神”教学线路、“文化自信”教学线路，以及党性教育链条、宋文化研学链条、乡村振兴实践链条、黄河文化链条。

焦裕禄干部学院全貌 （焦裕禄干部学院　李广通摄）

面旗帜，更加高扬；焦裕禄这面镜子，更加明亮。

（三）争做焦裕禄式好党员、好干部

焦裕禄同志的光辉形象始终屹立在人民心中，学习弘扬焦裕禄精神已然成为全体党员干部的共同追求和自觉行动。近年来，河南省广大党员干部深入学习贯彻党的历次全会精神和习近平总书记系列重要讲话精神，大力弘扬亲民爱民、艰苦奋斗、科学求实、迎难而上、无私奉献的焦裕禄精神，真心实意为人民，脚踏实地干工作，树立了为民务实清廉的良好形象，涌现出一大批学习弘扬焦裕禄精神的先进人物，如获“焦裕禄式好干部”荣誉称号的吴金印同志，“学习弘扬焦裕禄精神好干部”荣誉称号的李连成、杨正超、白国周、魏华伟、王修记、高平珍、闫胜义、宋清梅、朱金喜、陈保超等同志，他们是河南省党员干部践行焦裕禄精神的优秀代表。

说起吴金印，大家能想到的是绿军帽、黑布鞋，那是他几十年一成不变的打扮，尤其是他头上那顶老式军帽，更成为他特有的标志。吴金印在河南省卫辉市狮豹头公社工作期间，在群众家住了7年，在治水工地住了8年，使一穷二白的山区发生了巨大变化。40多年的时间里，他扎根基层，与群众同甘共苦，带领群众脱贫致富，在平凡的岗位上取得了优异的成绩。提起河南省濮阳县庆祖镇西辛庄村党支部书记李连成，不少网友直呼其“另类”。“另类”的表现有很多：口头禅是“当干部就应该能吃亏”；自己是文盲，却在村里建成了堪与大城市学校媲美的教育园区；一顿“面条宴”似乎能搞定一切……在他的“另类”带领下，西辛庄也从一个远近闻名的贫困村发展成如今环境生态宜居、生活幸福和谐的全国文明村、全国新农村建设示范村。此外，还有那位护好群众的“钱袋子”，带动村庄大发展的“番茄书记”陈保超。早些年，陈保超一直在外闯荡打拼，建筑工程事业做得有声有色。2017年，陈保超为响应政府“乡贤回归”的号召，毅然放弃在外创办的企业，回到家乡兰考县三义寨乡白云山村，接过老支书的担子，扛起带领父老乡亲致富的重任。诸如此类，不胜枚举。在这些优秀的党员干部中，有的担任领导职务多年，自觉践行党的宗旨，一心服务群众；有的

扎根基层，不畏艰苦，甘于奉献，兢兢业业尽职责；有的无私无畏，敢于碰硬，在正风肃纪中坚持原则，秉公执纪，着力维护人民群众权益；有的身患绝症，仍带病为党坚持工作10多年；有的退休不退志，主动放弃安逸生活，始终如一地为推动道德建设担当奉献。他们的先进事迹，充分反映了焦裕禄精神的丰富内涵和本质所在，展示了焦裕禄精神的强大生命力和感召力，体现了焦裕禄精神的无穷力量和时代价值。

河南把焦裕禄精神作为屹立在党员干部心中的丰碑、反躬自省的镜子、干事创业的标尺，不断推进焦裕禄精神在中原大地焕发出新的活力。广大党员干部要始终以焦裕禄同志为标杆，继承和发扬党的优良传统，深入践行党的群众路线，全心全意为人民服务，牢固树立正确的世界观、人生观、价值观，不为私心所扰，不为名利所累，不为物欲所惑，老老实实做人，干干净净做事，永葆共产党人政治本色。

二、以焦裕禄精神引领县域经济高质量发展

郡县治则天下安，县域强则国家强。“县”作为我国承上启下的关键行政单元，连接着省（自治区、直辖市）、市（州）、乡镇，承担着落实中央精神、谋划一地发展、富裕一方百姓、繁荣地域文化、实现长治久安的重要使命。推动县域经济高质量发展事关国家经济社会高质量发展全局。2021年9月，河南省委工作会议明确提出：建设现代化河南，必须在中心城市“起高峰”、创新开放“建高地”的同时，推动县域经济“成高原”，从而把县域经济高质量发展上升到省级战略层面，开启了河南省县域经济以高质量发展为主题，全面重构、深度转型的新阶段。焦裕禄在县域治理施政的过程中，从客观实际出发，对县域治理和民生发展作出了科学有益的探索，总结了很多工作方法，为推进新时代县域经济高质量发展注入强大的精神动力。

（一）发扬“三股劲”，凝聚河南县域经济高质量发展的精神力量

当前，国际与国内形势依然严峻复杂，统筹推进经济社会发展，河南面临的任务仍然十分艰巨。河南省县域面积占比近九成，常住人口占比超七成，经济总量占比超六成，在全省发展大局中举足轻重。面对新形势，探索走出各具特色的县域经济高质量发展路子，是河南必须扛稳的政治责任、必须回答的时代课题。《2022年河南省县域经济高质量发展评价报告》指出，如今全省县域经济发展呈现稳中向好的发展格局，未来仍要持续推动创新驱动发展、不断推动产业结构优化升级、充分挖掘乡村振兴发展潜力、坚持向体制机制改革要效能，推动河南县域经济高质量发展。焦裕禄精神是我们党的宝贵精神财富，是我们攻坚克难的思想法宝，越是形势严峻、任务艰巨，越要从中汲取政治营养、激发前行力量。大力推进河南县域经济高质量发展，更需要持续弘扬焦裕禄对群众的那股亲劲、抓工作的那股韧劲、干事业的那股拼劲，凝神聚气、踔厉奋发。

持续弘扬焦裕禄同志对群众的那股亲劲。河南省党员干部带领人民群众深化供给侧结构性改革，打好“四张牌”，抓实抓细稳企业，保就业各项工作，组织人民群众按照“产业兴旺、生态宜居、乡风文明、治理有效、生活富裕”的总要求，深入实施乡村振兴战略，教育人民群众牢固树立“人与自然是生命共同体”的意识，大力推进绿色发展，从而形成人民群众人人尽责、共建共治的新发展格局，形成有效的社会治理、良好的社会秩序，使人民获得感、幸福感、安全感更加充实、更有保障、更可持续。

持续弘扬焦裕禄同志抓工作的那股韧劲。河南省各县域持续抓好基层组织建设，切实落实好“十四五”规划，做好打基础、管根本、利长远的工作，使县域产业结构优化升级，工业产业基础持续夯实，农业现代化快速推进，产业科技含量大幅提升，制造业与服务业、传统产业与战略性新兴产业融合发展程度加深。其中，农业科技进步对生产的贡献率达 64.1%，

“中原农谷”助力河南的整个食品产业形成闭环发展，县域粮食年产量达6000万吨，扛起了粮食生产的重大责任。

持续弘扬焦裕禄同志干事业的那股拼劲。河南省谋划推进新发展格局下县域经济高质量发展，深化实施县域放权赋能按照“能放尽放”的原则推动行政审批权限下放，进一步扩大县（市）经济社会发展自主权。全面推进省财政直管县财政体制改革，增强基层公共服务保障能力，创新土地、人才、金融等要素配置机制。做强做优“一县一省级开发区”，推进县城扩容提质，发挥全国县城新型城镇化建设示范县带动作用，加快推进县城城镇化补短板强弱项工作，大力提升县城公共设施和服务能力。由此，县域经济“成高原”逐渐形成。

（二）县域治理“三起来”，增强河南县域经济高质量发展的综合实力

习近平总书记在2014年调研指导河南工作时指出，要准确把握县域治理的特点和规律，把强县和富民统一起来，把改革和发展结合起来，把城镇和乡村贯通起来；提出了县域治理的重大要求，对“什么是县域治理，怎样推进县域治理”的时代命题进行了深入阐释和科学回答，为我们推动县域经济高质量发展提供了根本遵循、指明了前进方向。河南省高举习近平新时代中国特色社会主义思想伟大旗帜，认真贯彻落实新发展理念，以焦裕禄精神为指引，以焦裕禄的务实作风和为民情怀为典范，不断强优势、补短板，扎实推进县域经济高质量发展，让“三起来”重大要求在各县域持续落地生根、开花结果。

把强县和富民统一起来，是践行党的初心使命的具体体现，是坚持以人民为中心发展思想的必然要求，也是检验领导干部政绩观的重要标尺。河南省坚持以脱贫攻坚和乡村振兴统揽经济社会发展全局，并以此作为强县和富民统一起来的重要抓手，在全省扶持培育100个以上的乡镇、1000个以上的村，打造乡村产业样板。培育壮大绿色食品、文化旅游、纺织服

装等九大乡村富民产业，加快形成具有河南特色的乡村富民产业体系，拓宽农民增收渠道。深入开展田园增收、养殖富民、乡村旅游等产业发展十大行动，打造“一县一业”“一镇一特”“一村一品”。大力推进产业扶贫、就业扶贫、扶志扶智等，贫困地区农村居民人均可支配收入持续较快增长，贫困县面貌整体上明显改善。持续推进产业集聚区建设、培育产业集群，开展招商引资、承接产业转移，发展民营经济、鼓励支持创业，组织劳务输出、引导返乡创业，不断把县域经济综合实力和竞争力提上去，让老百姓有更多获得感。

把改革和发展结合起来，抓住了破解县域发展诸多难题的关键，指出了激活县域发展潜力的要害，阐明了塑造县域发展优势的根本。河南省持续推动简政放权，把审批权限更多地放到县里，县一级普遍建立权责清单和政务服务网络；以机构改革为契机，推动编制资源下沉和管理职能优化；在县域开展改革试点，兰考普惠金融、卢氏金融扶贫等得到推广。突出开放带动，支持各县积极与中国（河南）自由贸易试验区、郑州航空港经济综合实验区、中国（郑州）跨境电子商务综合试验区等战略平台对接，拓展开放渠道和空间；积极引进培育外贸型企业，推动本地农副产品、特色产业等与全球产业链对接；创新招商模式，引导各县聚焦区域综合优势和特色主导产业，积极对接国内外相关龙头企业，重点招引延链补链项目，提升产业链核心竞争力，县域经济发展活力不断增强。

把城镇和乡村贯通起来，体现了对工农、城乡关系的深刻把握，是从根本上解决“三农”问题的必由之路。河南省深化户籍制度改革，城镇落户门槛彻底打破，农业转移人口享受到了城镇基本公共服务；农村改革不断深化，人才、资本、技术下乡积极推进；乡村基础设施和公共服务短板加快补齐，横亘在城乡之间的壁垒正在逐步消除。进一步聚焦城乡发展一体化，坚持规划先行，通盘考虑土地利用、产业发展、村庄布局、生态保护和文化传承；聚焦推进要素配置市场化，推动人才、土地、资本等要素在城乡间双向流动和平等交换；聚焦基本公共服务均等化，推动城镇基础设施向农村延伸，构建城乡一体化、普惠共享的公共服务体系，形成城乡互动、良性循环的发展局面。

（三）乡镇工作“三结合”，夯实河南县域经济高质量发展的硬作风

质量强党，首重基层。基层党组织建设质量直接关乎党的建设高质量发展，直接关乎党的执政根基。2014年5月，习近平总书记在尉氏县张市镇召开镇村干部和村民代表座谈会时，作出了“乡镇要从实际出发，把改进作风和增强党性结合起来，把为群众办实事和提高群众工作能力结合起来，把抓发展和抓党建结合起来，以实实在在的成效取信于民”的重要指示。习近平总书记的殷殷嘱托如春风般吹拂在尉氏大地、河南上空，各乡镇铆足干劲、奋勇争先，以传承弘扬焦裕禄精神为内核，点燃党的基层堡垒这一“红色引擎”，不断夯实基层治理根基，让“三结合”重要指示精神扎根基层、出新出彩。

河南省贯彻落实新时代党的基层建设总要求，深入推进党的基层政治建设。积极开展思想建设理论创新，丰富教育实践活动形式，扎实推进党的群众路线教育实践活动、“三严三实”、“两学一做”等各类教育活动，引导广大基层党员干部自觉做远大理想、共同理想的坚定信仰者和忠实践行者，使其“四个意识”更加牢固、“四个自信”更加坚定、“两个维护”更加坚决。

全面加强党的基层组织建设。实施三年强基固本工程，着力解决人、治、物、效问题，持续推进基层减负。健全工作机制，推进基层党组织整顿常态化、长效化，开展“百千万”示范行动，提高党支部标准化规范化建设水平，基层党组织“战斗堡垒”作用不断加强。不断完善干部选任机制，2020年，对全省5.1万名村（社区）党组织书记开展“万名支部书记大培训”活动，并分三批累计选派3.1万名第一书记驻村工作。2021年，分批组织实施“墩苗育苗”计划，选派966名优秀年轻干部到县乡艰苦地区、重要岗位、

基层一线交流任职，基层党员干部队伍素质不断提升。

持续强化党的基层作风建设。全省深入开展“能力作风建设年”活动，要求各级党员干部始终把为人民谋福祉作为一切工作的出发点和落脚点，以能力大提升、作风大转变为现代化河南建设增势赋能。深入整治侵害群众利益的腐败和作风问题，驰而不息纠正“四风”，扎实开展集中整治专项行动，干部队伍形象得到改善提升。深入推进平安河南、法治河南建设，扎实开展扫黑除恶专项斗争，社会大局和谐稳定，公众安全感明显提高。

三、以焦裕禄精神锻造文化强省

习近平总书记用“伸手一摸就是春秋文化，两脚一踩就是秦砖汉瓦”讲出了河南的文化底蕴、文化优势、文化自信。回望来路，红色基因是河南鲜明的精神底色。焦裕禄精神在这里孕育发扬，这一标志性、引领性的灯塔和旗帜，鼓舞和激励河南干部群众上下一心、矢志奋斗。进入新时代，这一红色基因依然焕发出无穷的生命力，为河南文化强省战略注入了强劲活力，树立了新时代赓续红色血脉、传承红色基因的鲜明旗帜。

（一）打造群众喜闻乐见的焦裕禄精神文化产品

近年来，为深化活化焦裕禄精神传承实践，河南不断探索新的宣传方式方法，一批文化、教育、宣传、影视等领域专家学者和艺术家，结合时代特色与人民群众需求，在对焦裕禄精神的研究阐释上做了大量的工作，不断推出各具特色的实践形式，打造了一批群众喜闻乐见的焦裕禄精神文化产品。

首先，涌现出了一大批焦裕禄精神系列研究著作。在省级层面中，省委组织部编撰了《焦裕禄精神》（河南党史党性教育学习丛书），省委外办编撰了《中华源·河南故事·焦裕禄》，并于次年推出中英、中法外文版本。科研院所与高等院校利用专业和人才优势，积极开展焦裕禄精神红色文化研究，编写了《焦裕禄的初心与使命》等著作。焦裕禄干部学院根据培训需要，编写出版了《跟焦裕禄学做县委书记》《永恒的丰碑：焦裕禄的故事》《做最好的党员——向焦裕禄同志学习》《学习焦裕禄》《讴歌焦裕禄》《怀念焦裕禄》《纪实焦裕禄》《焦裕禄精神学习读本》等图书，为党员干部开展学习培训提供丰富的学习资料。这些图书内容丰富、视角多样，通过小说、传记、诗歌等不同的艺术形式，讲述了焦裕禄同志革命、工作、学习、生活中的动人故事，全方位展现了他不平凡的生命历程，全景式再现了人民公仆的人格魅力，多角度表现了红色精神的丰富内涵。

其次，河南省不断探索全新路径，积极运用电视、网络、展览以及文艺作品等载体形式更好地挖掘、传承、弘扬焦裕禄宝贵精神富矿。先后推出豫剧《焦裕禄》、大型纪录片《永远的焦裕禄》，将焦裕禄的故事搬上荧屏，为观众还原了一个更加生动鲜活的好干部形象。2020年，河南省纪委监委网站推出"《焦裕禄》故事漫画专题"，以生动鲜活的群众语言、喜闻乐见的漫画艺术手段，再现当年焦裕禄带领人民战天斗地治理"三害"的感人事迹。2021年，由郑州大学主办、郑州大学美术学院承办的国家艺术基金传播交流推广资助项目——弘扬焦裕禄精神美术作品巡展，对焦裕禄这一红色经典人物的刻画形神兼备、形象突出，展示了美术作品激励人、鼓舞人的时代功能。2022年9月，焦裕禄主题文创产品亮相第九届中国博物馆及相关产品与技术博览会。在焦裕禄同志纪念馆展台区，焦裕禄纪念赏盘、焦裕禄纸雕灯……这些寓意深远的主题文创产品吸引参展观众驻足观赏，全面立体地展现了红色文创产品的厚重内核，弘扬了红色文化正能量。同年，电视动画片《焦裕禄》在全国首播。这是河南省唯一一部被国家广电总局纳入庆祝建党100周年重点剧目的动画作品。至此，焦裕禄精神宣传弘扬工作正式迎来"动画时刻"。

（二）营造浓厚的焦裕禄精神文化氛围

习近平总书记强调，要"讲好党的故事、革命的故事、英雄的故事，彰显时代特色，使之成为教育人、激励人、塑造人的大学校”。河南省深入贯彻习近平总书记的重要指示精神，在深入挖掘焦裕禄精神红色文化资源方面，用好焦裕禄的红色故事，不断丰富传承焦裕禄精神的河南实践，在全社会营造出浓厚的焦裕禄精神文化氛围。

河南在全省范围内开展“传承红色基因，争做时代新人”“不忘初心、牢记使命”“五讲”活动等主题教育活动，举办“党的创新理论万场宣讲进基层”“百姓宣讲团”“百姓宣讲直通车”“走基层”等基层宣讲活动，组织“河南省‘红色耀中原’故事会”“新时代百姓宣讲员”等比赛，做好焦裕禄的故事以及焦裕禄精神的宣传普及工作，引导广大党员干部和青少年等群体从焦裕禄的事迹中汲取进步的力量。《河南日报》推出“群众路线纵横谈”与焦裕禄精神系列宣传专题、《跟着总书记学习焦裕禄》系列有声融媒产品、“学习弘扬焦裕禄精神　迎接党的二十大”、“‘赶考路’上再寻焦裕禄”全国网络媒体采访活动、“新征程、新发展、新乡村——弘扬焦裕禄精神，全面推进乡村振兴”主题研讨会等，邀请知名专家学者，从为民务实清廉、增强公仆意识、坚持执政为民、大兴艰苦奋斗之风等角度，阐释焦裕禄精神在新时期的重要理论价值和现实指导意义，以焦裕禄为典型和榜样“照镜子、正衣冠”。河南博物院推出“人民呼唤焦裕禄”大型主题展览，展出了200多件焦裕禄同志的珍贵文物及复制品，辅以丰富的照片、创作画、纪录片、复原场景及多媒体演示等，展示焦裕禄一生扎根基层、心系百姓、鞠躬尽瘁的奋斗足迹。焦裕禄干部学院创新打造沉浸式红色课程《您好　焦裕禄》《传承——做焦裕禄式最美奋斗者》，全方位、多角度揭示了焦裕禄精神强大的生命力和感召力。

这些方式方法都是以不同的载体形式讲好、用好焦裕禄的故事，以焦裕禄精神在全省营造风清气正的思想文化氛围和干事创业氛围，让焦裕禄精神在河南代代相传，不断凝聚起中原儿女勇毅前行的蓬勃力量。

（三）以焦裕禄精神助力锻造自信河南

焦裕禄精神深深扎根于中原文化的沃土，具有深厚的民族文化根基。它不仅是一种个人品质和精神风貌的表现，而且是一种地域文化和民族精神的体现；它不仅影响着河南人民的价值观、道德观和生活方式，而且成为河南独特的、具有深刻影响力的文化符号。在河南这片土地上，人们常常会提起焦裕禄这个名字，他用自己的一生践行了一个共产党员的誓言和承诺。他的事迹被广泛传播和颂扬，成为河南人民引以为豪的文化名片，他的精神被大力宣传和践行，助力河南文化发展迈向新台阶。

文化自信是最根本的自信，文化资源是可持续的资源，丰厚的历史文化资源是河南省文化高质量发展的优势与底蕴所在。河南大力弘扬焦裕禄精神，以自强不息的进取精神、经世致用的实干精神、革故鼎新的创新精神、勤劳勇敢的奋斗精神，持续推进文化产业发展，保持一股持久抓的韧劲，一以贯之、久久为功。新郑黄帝拜祖大典的成功举办显示了中原文化的巨大吸引力，两大实景演出《禅宗少林·音乐大典》和《大宋·东京梦华》则成为挖掘河南武术文化和辉煌宋文化，发展现代文化产业的典范。从2021年春节的《唐宫夜宴》到端午节的《洛神水赋》再到七夕节的《龙门金刚》；从考古盲盒、玉佩棒棒糖等多款文创产品脱销，到置身360度环屏了解3000多年前“玄鸟生商”的故事，再到3D裸眼技术领略开封“城摞城”的奇观；从一站式满足“吃喝玩游购娱”全方位需求的建业电影小镇，每天近百场的演出让游客流连忘返，再到“只有河南·戏剧幻城”的21个剧场，吸引八方游客打“飞的”前来欣赏，无一不体现着河南省在焦裕禄精神的鼓舞下，不断加快文化强省建设步伐，大力实施文旅文创融合战略，厚植历史文化优势，全力塑造“行走河南·读懂中国”品牌，丰富文化发展新业态，奋力绘就文化产业高质量发展新画卷，向着“两个确保”“十大战略”勇毅前行，奋力谱写新时代中原更加出彩的绚丽篇章。

第三节 焦裕禄精神光耀中国

焦裕禄精神蕴藉着马克思主义政党最本真的初心和最深层的追求，昭示着我们党作为伟大的使命型政党、学习型政党、实践型政党所具有的独特精神标识和先进政治品格。它跨越时空、烛照未来，含英咀华、熠熠生辉。它所焕发的深厚伟力在我们党领导全国人民进行伟大斗争、建设伟大工程、推进伟大事业、实现伟大梦想的新征程上，正展现出磅礴的正能量和强大的软实力。

一、焦裕禄精神是一种强大的精神力量

曲曲折折的历史没有磨灭刻在人民内心深处对焦裕禄的思念。对焦裕禄精神的内涵总结也随着时代主题的转化而不断丰富和发展。在20世纪60年代,《人民日报》社论把焦裕禄同志誉为两个典范："一个完全、彻底地为人民服务的典范"和"一个活学活用毛泽东思想，解决本地区、本部门的实际问题的典范"。1990年,《人民日报》社论把焦裕禄精神总结为"为共产主义奋斗终生""为党和人民牺牲一切"的精神。江泽民同志强调学习焦裕禄同志，做到"廉洁自律、克己奉公，为人民办实事，为官一任、造福一方"。胡锦涛同志把焦裕禄精神总结为"以人为本、立党为公、执政为民、求真务实、真抓实干、与时俱进"的精神。[①] 以习近平同志为核心的党中央在新的时代背景下将焦裕禄精神概括为"亲民爱民、艰苦奋斗、科学求实、迎难而上、无私奉献"。可以看出，焦裕禄精神在不同时代的中国都

① 蔡清伟.中共几代领导集体焦裕禄精神传承研究［J].江西电力职业技术学院学报，2016，29(3)：89-92.

留下了烙印，这种精神激励着一代代中国共产党人为了党和人民的事业不断开拓进取，这是一种强大的中国精神。

（一）焦裕禄被评为“100位新中国成立以来感动中国人物”之一

在漫漫的历史长河中，焦裕禄是我们饱含热情赞美和歌颂的伟大英雄人物之一。人们对他的崇仰，源自他在灾害面前顶天立地，源自他在病魔面前视死如归，源自他把自己真正当成人民的儿子。

2009年，中央宣传部、中央组织部、中央统战部、中央文献研究室、中央党史研究室等11个部门联合组织开展评选“100位为新中国成立作出突出贡献的英雄模范人物和100位新中国成立以来感动中国人物”活动。焦裕禄以其感人事迹被评为“100位新中国成立以来感动中国人物”之一。

“100位新中国成立以来感动中国人物”是新中国成立以来不同年代各行各业英雄模范人物的先进代表，他们的一生或轰轰烈烈或平平凡凡，然而，他们都曾让一代代中国人感动、振奋、欢笑、流泪。他们身上集中体现了革命理想主义和革命英雄主义精神，这是一种深厚的中国情怀、一种强大的中国精神。

以焦裕禄为代表的“100位新中国成立以来感动中国人物”是民族的脊梁、时代的先锋、祖国的骄傲，是爱国主义教育最生动、最直接的教材。学习焦裕禄精神，深切缅怀为新中国成立作出突出贡献的英雄模范人物，颂扬他们的感人事迹，弘扬他们的崇高精神，在全社会唱响共产党好、社会主义好、改革开放好、伟大祖国好、各族人民好的时代主旋律，推动社会主义核心价值体系建设，激励全国各族人民继续解放思想，坚持改革开放，推动科学发展，促进社会和谐，全面建设社会主义现代化国家新胜利、实现中华民族伟大复兴而努力奋斗。

（二）焦裕禄被授予“最美奋斗者”荣誉称号

“幸福源自奋斗、成功在于奉献、平凡造就伟大。”2019年，为隆重庆祝中华人民共和国成立70周年，中央宣传部等部门决定在全国范围广泛开展“最美奋斗者”学习宣传活动，热情讴歌中华人民共和国成立以来各地区、各行业、各领域涌现出来的先进人物，激励广大干部群众以“最美奋斗者”为榜样，自觉把自身的前途命运同国家和民族的前途命运紧密联系在一起，在实现个人理想价值的过程中，为决胜全面建成小康社会、夺取新时代中国特色社会主义伟大胜利、实现中华民族伟大复兴的中国梦贡献力量。

焦裕禄是社会主义建设时期“最美奋斗者”的杰出代表，被授予“最美奋斗者”个人称号，是他忠诚于党、报效祖国；是他扎根基层、奉献人民，在岗位上作出非凡业绩，赢得人民广泛赞誉；是他用有限的时间挥洒出无限的力量，把短暂的生命变成了永恒的价值，激励着千千万万的共产党人奋斗拼搏！

“幸福是奋斗出来的。”新中国的辉煌成就，我们今天的幸福生活，是亿万人民努力奔跑、不懈奋斗的结果。在社会主义建设、改革的每一个历史时期，在伟大祖国的每一寸土地上，到处都是挥洒汗水、忘我拼搏的人们，到处都留下了奋斗者披荆斩棘的光辉足迹。奋斗的人生最幸福，奋斗的姿态最美丽。以焦裕禄为代表的“最美奋斗者”群体被隆重表彰，充分体现了党中央对一代又一代奋斗者的深切关怀，体现了我们党始终为人民不懈奋斗、同人民一起奋斗的初心使命，体现了广大干部群众奋斗新时代、共筑中国梦的非凡勇气和昂扬姿态。

（三）焦裕禄精神被纳入中国共产党人精神谱系

精神是一个民族赖以长久生存的灵魂，唯有精神上达到一定的高度，这个民族才能在历史的洪流中屹立不倒、不断向前。中国共产党人在苦与累、血与火、生与死的艰苦斗争中赢得了革命、建设和改革的伟大胜利，也淬炼铸成了熠熠生辉的中国共产党人精神谱系。在这其中，焦裕禄精神以其鲜明的时代定位、厚重的思想内涵、深邃的价值导向，教育和感染一批又一批共产党人不忘初心使命、提升作风能力、砥砺责任担当，为实现中华民族伟大复兴的中国梦而奋勇前行。

2021年9月，党中央批准了中央宣传部梳理的第一批纳入中国共产党人精神谱系的伟大精神。焦裕禄精神何以被纳入中国共产党人精神谱系，又何以成为永恒？因为在新时代历史背景下践行焦裕禄精神恰恰与中国共产党人的亲民爱民的公仆情怀、实事求是的工作作风、迎难而上的奋斗精神、无私奉献的信仰追求高度契合。

从历史价值看，焦裕禄精神矗立起一座共产党人改天换地、建设新中国的时代丰碑。回望百年历史，共产党人秉承伟大的建党精神，从井冈山的星星之火到艰苦卓绝的万里长征，从延安的艰苦岁月到抗日战争的全面胜利，共产党人以开天辟地的壮举建立了新中国，也凝结形成一大批彪炳史册的红色精神。毛泽东说："我们不但善于破坏一个旧世界，我们还将善于建设一个新世界。"在新中国成立第一个十年前后，中国人民在探索社会主义建设的过程中，受罕见自然灾害的影响，遇到了前所未有的困难。其中，地处黄河故道的河南省兰考县灾情尤为严重。在危急时刻，党派焦裕禄来到兰考。担任县委书记的他没有被眼前的困难所吓倒，而是发出"拼上老命大干一场"的豪迈誓言。他忍着肝病的折磨，带头查风口、探流沙、追洪水，制订了一整套科学的治理方案，并发动全县人民战天斗地，在困难中闯出了一条希望之路。焦裕禄精神根源于伟大建党精神，代表一个时代的精神风貌。兰考的治"三害"行动也极大振奋了全国人民在一穷二白的困顿中建设新中国的决心和勇气。正如《中国共产党历史》所评价的："焦裕禄的艰苦奋斗精神也感染和塑造了一个时代的社会风貌，鼓舞人们以极大的热情战胜严重的经济困难，为社会主义建设奉献更大更多的力量，成为社会主义建设时期的一座精神丰碑。"

从政治价值看，焦裕禄精神生动彰显好干部标准、契合群众要求，推动共产党人精神谱系薪火相传。习近平总书记强调，“选什么人就是风向标，就有什么样的干部作风，乃至就有什么样的党风”。党的百年基业，正是靠着亿万优秀党员干部顽强拼搏、不懈奋斗，才构筑起了光耀千秋的精神谱系。虽然不同时期党对于好干部的标准不尽相同，但焦裕禄始终都是广大党员干部学习的榜样。“亲民爱民、艰苦奋斗、科学求实、迎难而上、无私奉献”的焦裕禄精神不仅全面涵盖了共产党人的优秀品质，高度契合人民群众对好干部的殷切期待，而且昭示着各个阶层对政通人和、国运昌盛的共同愿景。正因为如此，半个多世纪以来，党中央不断号召全党学习弘扬焦裕禄精神。在焦裕禄精神的感召下，一批批共产党人踏实苦干、建功立业，从中也涌现出了孔繁森、杨善洲、李连成等众多焦裕禄式的好党员、好干部，推动影响了众多干部典型的出现。焦裕禄精神在中国共产党人精神谱系中树立了一面好干部的旗帜，这面镌刻着初心、使命、担当的旗帜，持续激发党员干部一往无前、奋勇拼搏，成为党员干部在面对艰难险阻、大灾大难时的精神指引；这面书写着志气、骨气、底气的旗帜，将不断引领并激发更多党员干部学思践悟、见贤思齐，为党的事业伟大工程添砖加瓦，推动着中国共产党人精神谱系薪火相传。

从实践价值看，焦裕禄精神映照着人民对美好生活的向往，在推动乡村振兴、建设社会主义现代化国家中发挥着内在支撑作用。“江山就是人民，人民就是江山。”在中国共产党人的精神谱系中，有屯垦戍边的北大荒精神，有将荒原变林海的塞罕坝精神，有新时代脱贫攻坚精神，在这其中，一以贯之的是以人民为中心、为人民服务。焦裕禄“生也沙丘，死也沙丘”是为了解决群众生计问题。新的时代，就要面临新的挑战。当下，推动乡村振兴、全面建设社会主义现代化国家是党的长期战略，是人民的热切期待，而作为焦裕禄在县域治理和发展的奋斗实践中升华凝练的价值理念——焦裕禄精神，对强化新时代基层干部责任担当、增强群众工作本领、优化政府治理体系、提高干部治理能力有重要的借鉴和启示意义。推进乡村振兴，要大力学习焦裕禄的“亲劲”，党员干部要始终带着感情做事、带着责任做事，在为民服务中提升服务群众工作本领，在推动乡村振兴中改进群众工作方法。要发扬“韧劲”，以“绳锯木断，水滴石穿”的劲头久久为功，练就一副敢于担当的宽肩膀，自觉扛起乡村振兴的职责，努力构建有活力、可持续、可增收的乡村产业体系。要鼓起“拼劲”，不断解放思想、探索创新，鼓足劲头、开足马力，努力以更高标准、更大力度、更为扎实有效的方法实现强县富民的目标，不断增强群众的获得感、幸福感、安全感。通过持续发挥焦裕禄精神在乡村振兴中的激励、裂变作用，推动以精神革新理念，以精神促进行动，以精神推动发展，让焦裕禄精神在新时代彰显新的价值！

二、学习弘扬焦裕禄精神在全国蔚然成风

焦裕禄精神指向人民对好干部的期待，诠释了对奋斗者的礼赞。几十年来，焦裕禄精神并未随着时间流逝而消减，反而经由历史和实践的检验，不断焕发出新的时代价值。半个多世纪过去，那个清癯挺拔的身影，走过漫天风沙，走遍神州大地，走进人民心中。那道穿越时空的精神之光，燃烧过昨天，正点亮今天，也必将映照明天。

（一）掀起学习焦裕禄精神的重重“热潮”

焦裕禄精神与中华民族伟大精神一脉相承，更是在60年来的伟大奋斗中淬炼升华、辉映时代、深入人心。从1966年2月7日《人民日报》发表长篇通讯《县委书记的榜样——焦裕禄》起，“焦裕禄”这个名字随着电波、报纸迅速传遍大江南北，自此大家都知道：兰考有个焦裕禄，河南有个焦裕禄，中国共产党有个焦裕禄！

1. 第一次学习热潮

自1964年至今，焦裕禄精神在全国范围内掀起了三次学习热潮。[①]第

① 中共河南省委组织部.焦裕禄精神［M］.郑州：河南人民出版社，2021：30-40.

一次学习热潮是焦裕禄去世不久后，河南省沙区造林会议上兰考县委副书记在发言时讲述了焦书记的感人事迹，随即被新华社记者鲁保国深入采访并报道。同年11月20日，《人民日报》二版发表了2100字的通讯，肩题是在改变兰考自然面貌的斗争中鞠躬尽瘁，主题是焦裕禄同志为党为人民忠心耿耿，副题是中共河南省委号召全省干部学习已故前兰考县委书记为人民服务的革命精神。这就是最先报道焦裕禄的文章。22日，《河南日报》在一版头条位置全文转载。这篇报道发出后，在全国，特别是在河南省产生了比较大的影响，宣传学习活动随之广泛开展。

1965年，新华社河南分社记者周原按照新华社副社长穆青的要求到豫东灾区寻找采访线索。周原在兰考了解焦裕禄的事迹后返回郑州，穆青听了周原汇报，了解到《人民日报》已经发表过关于焦裕禄的人物通讯，《河南日报》还转载并配发了社论时，穆青决定重新采访，重新再写。后来，新华社记者穆青、冯健、周原合写的长篇通讯《县委书记的榜样——焦裕禄》在1966年2月7日《人民日报》头版头条一经刊登，就震撼了全国亿万人民的心。《人民日报》在连续报道各地学习情况的同时，又相继刊发了《要有更多这样的好干部》《最可贵的阶级感情》《在用字上狠下功夫》《思想改造永无止境》等7篇社论，指导各地如何学习焦裕禄精神。据统计，1966年《人民日报》刊发关于焦裕禄事迹的报道多达112篇。

1966年9月15日，焦裕禄的二女儿焦守云在众人惊叹与羡慕的目光注视下，在天安门城楼受到了毛主席的亲切接见，那一年她13岁。在以后的岁月里，焦守云时刻牢记毛主席的教导，以自己的父亲焦裕禄为榜样，严格要求自己，在不同的工作岗位上奉献着自己的光和热。

2. 第二次学习热潮

第二次学习热潮是在改革开放后。党的十一届三中全会以来，在中国特色社会主义理论和党的基本路线指引下，我国改革开放和现代化事业取得了举世瞩目的成就，整个国家的面貌发生了翻天覆地的变化。中国迎来了跨时代发展，尤其是在1992年经济体制改革开展以后，全国的经济更是一路跃升，国民经济得到快速发展，人民群众的生活条件也得到很大程度改善。但在新旧经济体制交替、转换过程中，新问题、新矛盾层出不穷，尤其是部分党员干部腐败问题较为突出，群众反映十分强烈。

针对这一问题，1989年6月24日，江泽民在党的十三届四中全会上明确指出“全国各族人民的眼睛盯着我们，看我们能不能拿出惩治腐败的实际行动来”，还发出了“全党要学习焦裕禄”的号召。中央组织部把焦裕禄同志列为“解放四十年来，在群众中享有崇高威望的共产党员的优秀代表之一”。1990年5月10日《人民日报》在发表的社论《领导干部要学焦裕禄》一文中强调：“千变万化，党的全心全意为人民服务的宗旨不能变，密切联系群众的光荣传统不能变，艰苦奋斗精神不能变。而且，就当前某些领导干部身上的毛病来说，用焦裕禄精神医治可能更灵一些。”

面对干部队伍中出现的问题，穆青、冯健、周原想到基层找一个新的典型，他们在基层转了一圈后，发现群众仍对焦裕禄有感情，盼望焦裕禄那样的干部。于是，他们用“呼唤”二字撰写了《人民呼唤焦裕禄》一文，发表在1990年7月9日《人民日报》头版。穆青在其《自述》中这样写道：“1990年写的《人民呼唤焦裕禄》，是个政治题目。干群关系紧张，有些地

穆青（右二），冯健（左一），周原（右一）下基层访问

方重新学习焦裕禄，重新树立焦裕禄的形象……”①

1994年5月，时任中央政治局常委、书记处书记胡锦涛到兰考参加焦裕禄逝世30周年纪念会并发表重要讲话。他指出：“焦裕禄同志自觉把实现共产主义最高理想同现阶段脚踏实地地拼搏联系在一起，无私奉献，奋力开拓，全心全意服务于人民，紧紧依靠人民，用自己的行动塑造了一个优秀共产党员和党的干部的光辉形象，在人民心中建起了一座巍峨的丰碑。”②在这次大会上，胡锦涛明确提出了新时期要大力弘扬“焦裕禄精神”，要求做到“四个应该”：应该像焦裕禄那样全心全意为人民服务，密切联系群众，一切为了群众，事事相信和依靠群众；应该像

人民日报

RENMIN RIBAO

上半年…济呈回升趋势

人民呼唤焦裕禄

人民呼唤焦裕禄

1990年《人民日报》头版文章《人民呼唤焦裕禄》

① 贾关青.穆青与焦裕禄“三部曲”[J].百年潮，2020(5)：77-81.

② 魏治功.焦裕禄读本[M].郑州：河南人民出版社，2011：238.

焦裕禄那样坚持党的实事求是的思想路线，一切从实际出发，讲真话，办实事，大胆开拓，创造性地工作；应该像焦裕禄那样不怕困难，不畏艰险，顽强拼搏，艰苦创业；应该像焦裕禄那样廉洁奉公，勤政为民。

3. 第三次学习热潮

第三次学习热潮是2009年至今。当时国际经济环境严峻，世界经济进入了深度的衰退，中国不仅受到了全球性经济次贷危机的扩散蔓延和严重冲击，还有雨雪冰冻、汶川大地震等自然灾害的侵袭，导致国内经济面临着极其严峻的挑战，部分行业、部分企业经营困难，甚至出现了停产、半停产，1000多万农民工返乡回城。

时任国家副主席的习近平在焦裕禄逝世45周年前夕视察兰考，拉开了第三次学习焦裕禄精神的序幕。同年4月1日，习近平在兰考视察时提到了，在应对国际金融危机冲击，经济社会发展、人民群众生产生活困难增多的情况下，我们更要想群众之所想、急群众之所急、解群众之所困，立足于解决现在民生中大家最关心的问题，多迫的问题，最需要党和政府伸出手拉一把的问题，努力把为群众排忧解难的各项工作落到实处。要真正设身处地为群众着想，就像自身遇到了困难和自己的家庭、亲人遇到了困难一样帮助群众解决问题，高一筹讲，就是‘先天下之忧而忧，后天下之乐而乐’。要把人民群众摆到更优先的位置上去考虑，到达这个要求确实需要焦裕禄式的境界、情怀、风范才能做到。”①

2014年3月，习近平总书记到兰考调研指导党的群众路线教育实践活动，希望通过学习焦裕禄精神为推进党和人民事业发展、实现中国梦提供强大正能量。他指出，要特别学习弘扬焦裕禄同志“心中装着全体人民、唯独没有他自己”的公仆情怀，凡事探求就里、“吃别人嚼过的馍没味道”的求实作风，“敢教日月换新天”、“革命者要在困难面前逞英雄”的奋斗精

① 魏治功.焦裕禄读本［M］.郑州：河南人民出版社，2011：244.

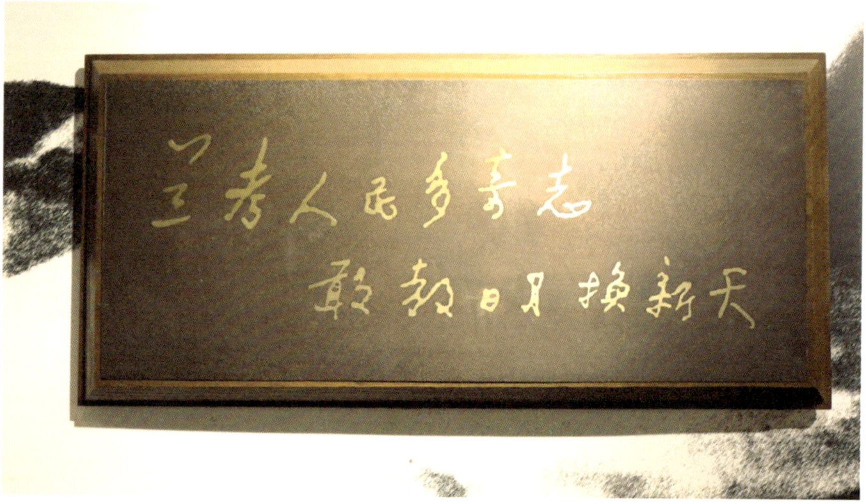

焦裕禄手迹

神，艰苦朴素、廉洁奉公、“任何时候都不搞特殊化”的道德情操。他强调：“虽然焦裕禄离开我们50年了，但焦裕禄精神是永恒的。”2014年8月，在听取兰考县委、河南省委党的群众路线教育实践活动开展情况时，习近平总书记提出，要学习弘扬焦裕禄同志的“三股劲”。2015年8月，《做焦裕禄式的县委书记》一书出版，全国又掀起学习焦裕禄精神的高潮。

此外，习近平总书记还在多个场合对新时代学习弘扬焦裕禄精神提出明确要求，不断赋予焦裕禄精神新的时代内涵。在河南省委的统筹指导下，开封市委、兰考县委的领导支持下，兰考以宣扬红色精神为核心，打造了焦裕禄纪念园、兰考县文化交流中心、焦裕禄精神体验教育基地等一批场馆和学习路线，形成了红色文化旅游宣传矩阵。恰逢当时，焦裕禄干部学院也拔地而起，成为新时代学习弘扬焦裕禄精神的思想高地。从建院至2023年12月，焦裕禄干部学院已经承办了来自全国各地各行业的5020个培训班，培训人数达到295841人，焦裕禄干部学院俨然成为新时代传承和赓续焦裕禄精神的红色“大熔炉”、红色“根据地”。

（二）焦裕禄成为全国县委书记的楷模、党员干部的标杆

一种生命，可以蕴含怎样的能量？一种精神，能够焕发怎样的光彩？焦裕禄用自己的精彩人生，几代人用不变的坚定追随，给出了发人深思的答案。就好像60年前，那个猝然远去的瘦弱身影，仍一次次向我们走来，激荡起人们情感的波澜，在亿万人心中唤起持久的共鸣。

焦裕禄同志以自己的实际行动塑造了一个优秀共产党员和优秀县委书记的光辉形象。《做焦裕禄式的县委书记》是习近平担任总书记后的第一部署名专著，习近平总书记在书中是这样阐述的："在我们党的组织结构和国家政权结构中，县一级处在承上启下的关键环节，是发展经济、保障民生、维护稳定、促进国家长治久安的重要基础。焦裕禄同志为县委书记树立了榜样，大家要自觉学习和弘扬焦裕禄精神，努力成为党和人民信赖的好干部。"而县委书记则是直接面对基层群众的领导干部，必须心系群众、为民造福，做到心中有党、心中有民、心中有责、心中有戒。

从2014年11月起，中共中央党校举办县委书记研修班，计划到2017年底将全国县（市、区、旗）委书记轮训一遍。举办研修班的目的，主要是对县委书记进行系统理论培训和党性教育，引导县委书记用党的最新理论成果武装头脑、指导实践、推动工作。而到焦裕禄干部学院开展体验式教学则是中共中央党校（国家行政学院）县委书记研修班党性教育必修课的重要内容之一，是整个教学框架中非常重要的环节。县委书记通过现场体验、集中学习，准确理解、深刻把握焦裕禄精神的实质要义、核心内涵和时代价值，进一步增强坚持群众路线的自觉性，进一步提高领导干部做群众工作的本领和能力，进一步增强党性和宗旨意识，努力成为党和人民信赖的好干部。

焦裕禄精神是党的优良传统和中华民族优秀思想品质的代表，像焦裕禄一样的好党员、好干部还有很多。几十年来，他们高举着焦裕禄精神火炬，践行着对党的忠诚和人民的信仰，印刻成一个个耳熟能详的名字，成

为人民心中永不磨灭的存在。

1988年，退休后的云南保山地区原地委书记杨善洲来到大亮山兴办林场，用20个春秋献给国家一个5万多亩的绿色宝库；1994年，时任西藏阿里地区原地委书记的孔繁森在工作途中不幸以身殉职，他的公文包里装的是阿里地区经济发展的12条建议；离任将近30年的寿光县委原书记王伯祥再回故地依然深受百姓的赞颂；全国优秀县委书记廖俊波正如政和县群众所言，“笑容像阳光一样温暖”；独龙族干部高德荣几十年倾心只为一件事，那就是让4300名乡亲摆脱贫困奔向小康。

在不同的历史阶段，焦裕禄式的好书记形象和名字在不断变化，但唯一不变的是他们是人民心中永不褪色的榜样。他们时刻把人民装在心中，在平凡岗位上诠释着“共产党员”的时代光辉和精神内涵，只有每一位共产党员把为党和为人民的事业无私奉献作为毕生的价值追求，才能助力中华民族伟大复兴梦的实现。

三、焦裕禄精神为推进中国式现代化提供强大正能量

随着世界进入新的动荡变革之际，中国发展也进入了战略机遇和风险挑战并存、不确定难预料因素增多的时期，我们应做好经受风高浪急，甚至是惊涛骇浪的重大考验的准备。中国式现代化就是在这一背景下提出的，实现中国式现代化是推动中国从“追赶”到“领跑”、从“富起来”到“强起来”的必由之路。在全面建设社会主义现代化强国的过程中，焦裕禄精神等一系列红色精神发挥了重要的“精神正能量”作用。

（一）焦裕禄精神为推进中国式现代化的航船行稳致远提供理论支撑

焦裕禄在兰考进行伟大斗争是在坚持党的集中统一领导下沿着社会主义道路向着中华民族伟大复兴前行。焦裕禄在尉氏、兰考两地任职，是他

听从党组织的安排的体现；焦裕禄在兰考治沙、发展工业、提高人民生活水平，是他贯彻党中央的路线方针政策的体现；焦裕禄在兰考工作期间，以身作则，艰苦奋斗，对家风要求严格，是他落实伟大建党精神的体现，而这些体现归结于一点，就是焦裕禄时刻把自己和党中央的要求、党章的要求进行对标对照，以此不断深化坚持党中央集中统一领导的深刻认识。焦裕禄带领兰考人民所做的工作，从本质上讲是社会主义道路在兰考的实践。发展兰考的生产力，提高兰考人民的生活水平，解决兰考人民遇到的各种问题，等等，其内核都彰显了在社会主义道路上探索如何建设社会主义的努力。这些问题和问题的答案体现出的核心内容，就是对党的领导的始终坚持，对社会主义的始终坚持。中国式现代化是由两个词组构成的复合词——“中国式”和“现代化”，在这两个词中，“中国式”是最根本的。习近平总书记指出：“中国式现代化，是中国共产党领导的社会主义现代化，既有各国现代化的共同特征，更有基于自己国情的中国特色。”① 中国式现代化的“中国式”就是表现出“基于自己国情的中国特色”。诚然，“基于自己国情的中国特色”体现在各个维度，例如，中国式现代化的五个重要特征。如果我们细梳中国式现代化的特质，可以看出中国共产党的领导是最本质的特质，“党的领导直接关系中国式现代化的根本方向、前途命运、最终成败”②。在中国式现代化中，我们要紧紧结合焦裕禄精神所突显的核心要义——听党话跟党走，坚持党的领导，不断增强我们对发展中国式现代化的信心和勇气。

（二）焦裕禄精神为推进中国式现代化提供思想文化支撑

焦裕禄是在“两个结合”中成长和工作的，这使焦裕禄精神具有厚重的文化感。中国式现代化的本质之一是丰富人民精神世界，用什么丰富人

① 习近平.正确理解和大力推进中国式现代化［N］.人民日报，2023-02-08(1).

② 习近平.中国式现代化是中国共产党领导的社会主义现代化［EB/OL］.(2023-05-31).http://www.qstheory.cn/dukan/qs/2023-05/31/c_1129655710.htm.

民精神世界。最根本的就是马克思主义和中华优秀传统文化结合而形成的新文化。从思想文化层面而言，焦裕禄是在马克思主义和中华优秀传统文化结合而形成的新文化中成长、工作的。山东省淄博市博山区崮山乡北崮山村是焦裕禄的老家。山东是孔子故里，中华优秀传统文化在山东得到了很好的传承和弘扬，这意味着焦裕禄是在中华优秀传统文化的熏陶中成长的，它深刻影响了焦裕禄的一生：焦裕禄对家风的重视、对身边工作人员的关心、对各个岗位上广大人民的赤子之心、一生都保持勤俭节约的作风，等等，这些都留有中华优秀传统文化的深刻印记。焦裕禄一生坚守理想信念、坚持党的根本宗旨、坚持用党章不断对自己进行“政治体检”，这些都体现出浓厚的马克思主义色彩。在洛阳、尉氏、兰考等地进行的革命、建设实践，对进一步丰富焦裕禄本人对马克思主义和中华优秀传统文化的认识起到助推作用，使其对马克思主义和中华优秀传统文化结合而形成的新文化的认识进一步升华。焦裕禄精神的五个层面，都可以追溯到马克思主义和中华优秀传统文化结合而形成的新文化：亲民爱民体现了民为邦本、为政以德的治理思想与人民至上的政治观念相融；艰苦奋斗体现了“天行健,君子以自强不息”与党的优良传统的交融；科学求实体现了“苟日新，日日新，又日新”与党的思想路线的融合；迎难而上体现了“人生万事须自为，跬步江山即寥廓”与敢于担当、善于作为的结合；无私奉献体现了“老吾老以及人之老，幼吾幼以及人之幼”与党的信仰的结合。质言之，焦裕禄在兰考的实践历程就是运用马克思主义和中华优秀传统文化结合而形成的新文化丰富兰考人民精神世界的历程。在推进中国式现代化中，我们要紧密结合焦裕禄精神中的文化内涵，增强在中国式现代化中建设中华民族现代文明的动力。

（三）焦裕禄精神为始终坚守中国式现代化的目的提供思想支撑

焦裕禄所做工作的出发点和归宿是为了人民，焦裕禄精神最闪耀的光芒也是为了人民。焦裕禄在兰考进行的社会主义实践的终极目的是什么？475天是焦裕禄在兰考工作的总时长，为什么焦裕禄以不到两年的奋斗取得的功绩却让整个国家和人民永远铭记？上述问题的答案就在焦裕禄精神的亲民爱民，就在焦裕禄在兰考的所有奋斗都是以兰考人民幸福为根本指向，就在焦裕禄始终坚守“我将无我，不负人民”。焦裕禄在兰考的奋斗历程所凝练出的焦裕禄精神，向一名优秀的共产党员给出了“我是谁”“为了谁”这两个问题的答案：“我是谁”——我是中国共产党党员，“为了谁”——一切为了人民。在中国式现代化过程中，我们党面临着“四大考验”“四大危险”，如何“深化对党的性质宗旨的认识，始终保持马克思主义政党的鲜明本色”是广大党员干部所面临的一道考试题。以焦裕禄精神鼓舞、激励广大党员干部有助于他们始终做到不忘初心、牢记使命。中国式现代化的事业是我们党领导全国各族人民进行的民族复兴伟大事业，坚持以人民为中心的发展思想是中国式现代化的原则，也是检验中国式现代化成效的标准。习近平总书记指出：“我们党没有任何自己特殊的利益，这是我们党敢于自我革命的勇气之源、底气所在。”[①]从时空上解析焦裕禄进行的社会主义建设和我们在新时代进行的中国特色社会主义事业之间的联系，可以看出坚持人民至上、紧紧依靠人民、不断造福人民、牢牢根植人民是两者的共同点，这不仅体现我们党的思想谱系的一脉相承，也体现焦裕禄精神在当下的活力所在。

（四）焦裕禄精神为统筹推进中国式现代化提供理论支撑

焦裕禄在兰考进行的社会主义建设事业是依据系统观念进行的伟大事业。焦裕禄精神的五个方面，从总体上讲，就是焦裕禄在统筹推进兰考治理过程中得出的理论升华。1962年，焦裕禄任职兰考县委书记，当时中国刚刚经历三年困难时期，国民经济处于复苏发展状态，兰考由于面临内涝、风沙、盐碱的“三害”，使得兰考的县域经济发展面临众多难题。科技的

① 习近平.习近平著作选读［M］.北京：人民出版社，2023：559.

提升、人才的培养、兰考人民受教育程度的提高、“三害”的治理、农业的发展等问题都现实性地摆在焦裕禄面前。从上述问题的类别可以看出，这些问题虽然都很重要，并且一些问题之间有一些交叉，例如科技的提升需要人才，人才的培养能够带动科技的发展。但就这些问题的具体所指而言，其涉及兰考县域发展不同层面的问题，解决这些问题需要运用马克思主义辩证唯物主义的观点，“学会‘弹钢琴’”[①]，内在的要求是对兰考的县情有详细的了解，运用矛盾的观点，从众多矛盾中抓主要矛盾，从主要矛盾中抓矛盾的主要方面；运用联系的观点，统筹发展兰考的各项事业。焦裕禄具有很强的处理复杂问题的能力，从治理“三害”着手，同时发展兰考的工业、教育、轻工业等，使得兰考的发展如同机器运转一样，是兰考各项事业的协同发展催发出兰考经济前进、人民生活水平的提高。中国式现代化包含政治、经济、文化、社会、生态、军队、外交等具体子内容的发展，各子内容的发展本身较为复杂，而各子内容之间的联动发展更是异常复杂。要做到中国式现代化的顺利推进，我们需要依据焦裕禄精神所体现的马克思主义基本理论，辩证地、系统地解决中国式现代化所面对的各种问题。科技是第一生产力，我们要依据习近平总书记的指示，在解决“卡脖子”的地方下大功夫，以新质生产力理论为指导，争取在颠覆性、前沿性技术上取得更多的成果，同时以高质量发展带动其他各环节的发展。

① 毛泽东选集：第四卷［M］.北京：人民出版社，1991：1442.

第四节　焦裕禄精神走向世界

伟大精神跨越时空，超越地域。焦裕禄精神是我们党的宝贵精神财富，是执政者所需要秉持的一种理念，也是构建人类命运共同体、走向共同繁荣富强所倡导的一种价值。他身上的优秀品格和奉献精神，他在兰考的治贫实践和给后人留下来的减贫经验，他所代表的中国基层治理模式和公职人员的工作作风，已成为外国政要学习的典范。为民、务实、清廉的焦裕禄精神是中国精神的重要组成部分，推动焦裕禄精神走出国门是传承中华优秀传统文化、提高中华文化凝聚力和话语权的重要路径，具有广泛的价值、深远的意义。

一、焦裕禄精神成为一些外国政党政要学习的典范

先进事迹代代相传，伟大精神跨越国界。焦裕禄逝世后，他的故事从河南讲到全国，又从全国传递到世界很多国家。1966 年，76 岁的越南民主共和国主席胡志明在读到《县委书记的榜样——焦裕禄》一文后，感触颇深，随后以“黎农”为笔名，在越南《人民报》上发表了题为《中国经验》的文章，赞扬焦裕禄是中国共产党和毛泽东主席教育出来的成千上万个出色干部之一，是模范县委书记。他还总结了焦裕禄的四种精神，号召越南干部学习焦裕禄精神。

据记载，焦裕禄的事迹被报道后，先后有新西兰、日本、几内亚、印度、老挝、柬埔寨、苏联等国家的大使、官员、记者、民间人士来兰考参观考察。1968 年，越南驻华大使馆率团来到兰考，参观焦裕禄同志纪念馆，拜谒焦裕禄烈士墓和遗像，学习焦裕禄的事迹和精神，并看望焦裕禄的夫

人和子女。在来兰考参观的外国友人中，还有一位原籍美国的吴雪莉女士，她毕业于美国密歇根州立农学院，到河南大学任教后，专程到兰考参观，被焦裕禄的事迹所感动，遂两次邀请其母亲（时任世界和平理事会委员）来兰考学习焦裕禄精神。吴雪莉的母亲参观学习后，写了一篇学习感想，并拍摄了与焦裕禄相关的照片，把文章发给了自己工作的世界和平理事会。

阿尔及利亚友人拜谒焦裕禄烈士陵墓

改革开放后，交通条件日益便利，来兰考学习考察的国外友人、政府官员、留学生络绎不绝。2016年，一个由美国、新加坡、澳大利亚、瑞士等23个国家和地区的50名海外侨胞组成的考察团走进了兰考。在参观学习、实地考察后，他们深受感动。

来自新加坡的华人崔世杰坦言:“太感动了，这是我们全体华人的财富，我们现在所有的领导干部都应该到兰考来看一看，转变自己的观念，要时刻想着老百姓。一个县的县委书记、县长，国家和人民赋予你权力，等于把资源全给了你，让你来执掌这一个地方的时候，你能为老百姓做什么，为老百姓想一想，怎么样能改善老百姓的生活，怎么样把这个地区给搞好。你为官一任，就要作出你的成绩来，老百姓会记得你的。”

另一位祖籍河南开封、年幼时常来兰考的美国加州华人胡长桥感慨道：“这次回来后看到兰考的路也变宽了，房子也变漂亮了，正是焦裕禄精神鼓舞了兰考人民。工厂的建设、老百姓的住房，以及道路的建设都有了大大的提高，我到兰考以后已经认不出来了，这都是焦裕禄书记的精神鼓舞着兰考人民。过去我们都说，‘兰考人民多奇志，敢教日月换新天’，这一点确确实实已经做到了，以前所喊的口号，现在看来确实已经换了新天。”

在焦裕禄同志亲手种植的泡桐前，美国华人郑西涛不禁眼圈泛红，他告诉记者：“今天最大的收获就是对‘老百姓’这三个字有了更深一层的认识。焦裕禄每天关心的是穷苦老百姓的吃和穿，这样的干部才是真正的干部，才能真正赢得人心，我觉得这才是老百姓的福祉。”

2019年6月，30多个国家近300名国外政党领导人与代表来到兰考，实地考察交流后，代表们感触颇多，产生共鸣。中非共和国团结一心运动全国执行书记、前政府总理萨兰吉·桑普利斯·马蒂尔说：“政党应该与人民保持血肉联系；为了实现让基层人民共享发展成果的目标，教育党员干部是有高度重要性的。”在老挝人民革命党中央委员、国会副主席宋潘·平坎米看来，中国共产党“打开大门搞党建，把主题教育和对外宣介相结合”的做法极具创造性，而其中关注的“清正廉洁”对一个政党有生死存亡的意义。

2023年9月12日—14日，商务部国际商务官员研修学院塞拉利昂贸易投资便利化研修班的23名学员走进焦裕禄干部学院培训学习，近距离了解焦裕禄感人事迹，领略兰考乡村振兴建设成果，感受中原地区经济发展状况。培训结束后，商务部国际商务官员研修学院带队老师表示，“本次培训效果远远超出了预期，学院的课程、环境与服务给大家留下了深刻的印象，培训班各位学员收获满满”。在返程途中，大家把“中国很好”常常挂在嘴边，他们都很期待有机会再次到中国、到河南、到兰考学习，并表示要把焦裕禄精神带回自己的国家、要做焦裕禄这样的人。

塞拉利昂贸易投资便利化研修班

焦裕禄是中国共产党的杰出代表，更是很多国家政要、公务人员学习的楷模。他的工作理念和奋斗意志具有参考价值，为构建更为公正、务实的治理模式提供了示范。

二、焦裕禄在兰考的治贫实践为一些国家提供了减贫经验

从人类的发展历程来看，贫困问题始终伴随着人类发展的步伐，始终是一个较难解决的世界性问题，消除贫困从来都是人类梦寐以求的理想。为此，国际社会一直致力于减贫事业的发展，寻找行之有效的方法来改善全球范围内贫困地区的生存状况。在这一伟大的事业中，焦裕禄在中国兰考的治贫实践成为一个独特的亮点，他的务实作风和成功经验为国际社会提供了宝贵的减贫经验。

焦裕禄的治贫实践始于20世纪50年代，当时中国社会正面临极端的贫

困和落后。他以“敢教日月换新天”的勇气、魄力和胆识，开始了一场深入基层的脱贫攻坚战。焦裕禄坚信，贫困问题的根本解决需要坚持实事求是、因地制宜，这一理念也成为他整个扶贫过程的指导思想。焦裕禄务实的思维方式和实事求是的工作作风在国际减贫事业中具有普适性，他强调深入基层调研，以问题为导向，解决贫困人民的实际困难，成为其他国家学习的典范。焦裕禄多维度、全方位的扶贫理念是国际减贫事业中的创新之举，在实际操作中，他关注农业生产发展、基础设施改善、教育水平提高、产业转型升级等多方面工作，这种全面性的扶贫理念成为他治理兰考的独特之处，为国际社会提供了一个多元化、系统化的减贫策略。焦裕禄注重发挥地方政府和群众的积极性，形成了一种基层治理的新模式。在治贫实践中，他鼓励地方政府深入贫困地区，亲自参与脱贫工作，鼓励人民群众参与扶贫过程，增强脱贫的可持续性。这一治贫模式在国际上受到广泛关注，对其他国家推动基层治理具有借鉴意义。

焦裕禄的治贫实践在中国取得了显著的成果，兰考县从一个贫困落后的地区变成了富饶繁荣的县域。焦裕禄在兰考的减贫实践，映照着中国共产党带领全国人民摆脱贫困、实现小康的生动历程，也启示着全世界的公职人员，做好扶贫工作，需要用精神去砥砺，用任务去发动，用耐心去落实。榜样的力量是无穷的，在当前全球贫困问题仍然突出的情况下，焦裕禄在兰考的治贫实践仍然具有现实的意义。

焦裕禄的治贫精神鼓舞着国际社会朝着脱贫目标勇毅前行，如何发挥公务人员的主观能动性、更加积极地投入治贫和乡村振兴中，是各个国家都要思考的问题。当前，国际社会应该深入研究焦裕禄的治贫经验，吸取其中的精华，为全球减贫事业注入更多的动力。同时，焦裕禄治贫的理念也提醒我们，贫困治理不是一蹴而就的事业，需要持之以恒、创新实践，不断总结经验，不断提升水平。

三、弘扬焦裕禄精神，助推构建人类命运共同体

中国共产党是为中国人民谋幸福、为中华民族谋复兴的政党，也是为人类谋进步、为世界谋大同的政党。党的二十大报告提出，促进世界和平与发展，推动构建人类命运共同体，并将“推动构建人类命运共同体”作为中国式现代化的本质要求之一。构建人类命运共同体重要理念，是回答和解决当今世界面临的“时代之问”的“中国方案”，是给世界人民带来福祉的“人间正道”，引领了中国特色大国外交理论与实践创新，为人类社会实现共同发展、持续繁荣、长治久安绘制了蓝图，体现了中国将自身发展与世界发展相统一的大国担当、世界胸怀和全球视野。

焦裕禄精神是我们在新时代推动构建人类命运共同体的强大动力。它体现的坚持以人民为中心的发展思想，启示我们在构建人类命运共同体的过程中，必须始终尊重人民主体地位，发挥人民首创精神，不断满足人民对美好生活的向往，真正实现全世界共同发展、共同富裕的目标。它体现的艰苦奋斗的优良传统，启示我们在构建人类命运共同体的过程中，要勇于担当责任，勇于攻坚克难，以钉钉子的精神抓工作、保落实，为实现全人类共同繁荣而努力奋斗。它所体现的坚持科学求实的工作态度，启示我们在构建人类命运共同体的过程中要深入了解各国的实际情况和发展需求，加强交流合作，积极探索适合各国发展的新模式和新路径，注重实践创新，勇于尝试新理念和新方法，推动全球治理体系变革和建设。它体现的无私奉献的高尚品质，启示我们在构建人类命运共同体的过程中，要积极主动参与全球治理和国际合作，为推动全球发展贡献自己的力量；要关注全球发展不平衡问题，积极开展扶贫帮困活动，推动全球共同发展；要加强国际交流与合作，增进各国人民之间的了解和友谊，共同推动世界和平与发展。

世界大同，美美与共，这是中华民族几千年来一直秉持的理念。中国

在全面建成小康社会、实现中华民族伟大复兴中国梦的历史进程中，始终把以自身发展促进世界共同繁荣，为人类作出新的、更大的贡献作为自己的初心、责任和使命。幸福不应该是一个独立单元的感受，而应该是全人类共同的感受。中国愿同世界各国人民一道，努力构建人类命运共同体，大力弘扬包括焦裕禄精神在内的中国精神和时代精神，为世界实现开放包容、互利共赢而贡献中国智慧、提供中国方案、凝聚中国力量。

第四章

直击灵魂的叩问

时值焦裕禄同志逝世60周年，为更好地传承红色基因，弘扬红色精神，讲深、讲活、讲透、讲好党的故事，焦裕禄干部学院深挖焦裕禄事迹资源，充分运用现代信息网络手段，创新性改进教学方式，以角色扮演、情景模拟、党性叩问、感悟提升的方式，倾力打造红色沉浸式课程《您好　焦裕禄》，通过让学员置身于虚拟环境之中，演绎焦裕禄同志在博山、尉氏、洛矿和兰考的工作片段，实现完全沉浸式体验，再现焦裕禄同志的工作方法、领导艺术、为民情怀和高尚情操，以达到学思践悟、共情共鸣的效果。

在课程进行中，将由老师全程引导学员进行课程学习，一起想那个时代的人所想，听那个时代的人所听，感受那个时代的人所感，通过真听、真看、真感受，把自己当作焦裕禄同志的家属、战友、同事，共同完成这堂课程。最后，通过灵魂“十问”进行总结提升，然后集体重温入党誓词，感受共产党人的初心使命。通过课程学习，学员可直观、生动地感受焦裕禄可亲、可敬、可学的形象，通过解析焦裕禄的心路历程、决策过程和政治品格，对党员干部学习贯彻党的二十大精神，坚定初心使命、提高斗争本领、强化党性修养有重要作用。

第一节　落实新要求

一、新时代干部教育培训要有所变革和创新

习近平总书记在中共中央党校建校90周年庆祝大会暨2023年春季学期开学典礼上的重要讲话中，多次提出要注意教学方式方法的改革创新，改进教学方法，融通教育资源，使党性教育更加生动深刻、有血有肉。这不仅是对党校提出的要求，也是对全国干部教育培训机构和广大干部教育培训工作者提出的要求。

最新修订的《干部教育培训工作条例》（以下简称《条例》）和《全国干部教育培训规划（2023—2027年）》（以下简称《规划》）体现了习近平总书记的要求。中央政治局在审议《条例》《规划》时指出："要推动干部教育培训供给与需求精准匹配，更好满足组织需求、岗位需求、干部需求，不断优化教育培训方式方法，进一步增强教育培训的系统性、针对性、有效性。"《规划》在"深化改革创新"部分明确要求："鼓励加强干部教育培训方式方法创新。综合运用研讨式、案例式、模拟式、体验式、访谈式等方法，推行结构化研讨、行动学习等研究式学习，探索翻转课堂等方法，开展教学方法运用示范培训。"

与《2019—2023年全国党员教育培训工作规划》中只是在"建强培训保障体系"部分谈到培训方式方法不同，此轮《规划》多处谈到培训方式方法的创新与应用，并表现出几大特点。

第一，强调多种方法的综合运用。习近平总书记强调，要"综合运用案例教学、情景模拟、结构化研讨、学员论坛、经验交流、实地调研等多

种方式”。《规划》要求，推行课堂讲授、案例解析、现场感悟相结合的教学方式。在“加强年轻干部政治训练”部分强调，综合运用理论讲授、政策解读、案例教学、现场体验等方式开展系统培训。这意味着在教育培训实践中必须打好组合拳，在综合与结合上做文章。教学设计环节要研究内容特性、教学要求、学员特点等因素，对教学进行模块化设计，通过不同形式的组合发挥各种方法的各自长处，全方位、多视角、多渠道地作用于培训全过程，在结合中力求达到最佳效果。

第二，鼓励通过教学方法创新增加教学的互动性，在互动中实现学员的主体作用。《规划》中强调，推行结构化研讨、行动学习等研究式学习，探索翻转课堂等方法，并要求运用研讨式、模拟式、体验式等其他互动式教学的课程比重不低于每学期总课时的20%。这些要求更重视教学中的互动和学员的参与。干部教育培训常以学员为主体，以教师为主导。但实践中很多培训机构和教师常常会有某种路径依赖，只见“主导”，不见“主体”。因此，干部教育培训工作者要高度重视，从我做起、持续努力，在方式方法上寻求创新。

第三，从实际出发，强调实操和情景还原。习近平总书记指出：“必须坚持教研与实践相贯通，畅通教学科研对接经济社会发展实践的渠道，推动党校教研人员深入一线实践，在接触实际、参与实践中打开视野、充实头脑、丰富经验，为培养高素质干部、推出高质量研究成果提供有力支撑。”《规划》也强调突出实战实效：“强化实践导向、问题导向、效果导向，把准培训需求，加强培训设计，选优配强师资，综合运用多种方式方法开展实战化培训。”“紧贴业务实操，加大案例教学比重，把实践中鲜活生动的案例及时运用到教育培训中；运用情景模拟、桌面推演、工作复盘等方法，让干部在仿真情境中学习如何处理问题、化解矛盾、防范风险。加强案例开发和实训室建设。”

正如习近平总书记所强调的那样，思政课的本质是讲道理，要注重方式方法，把道理讲深、讲透、讲活。干部培训课程显然也是这样，要注意方式方法的改革创新，“把道理讲深、讲透、讲活”。河南焦裕禄干部学院正是这么做的。

二、沉浸式课程的新探索

近年来，河南焦裕禄干部学院深入学习贯彻习近平总书记关于党校办学治校系列重要指示精神，持续深化教育教学体制改革，创新干部教育培训方式方法，围绕乡村振兴、文旅文创、基层治理、党性教育等主题，创新推出了多堂教学课程，并且根据培训主体需求将此类创新课程编入整体教学计划中，将培训课堂搬到鲜活的实践现场，实现理论教学与实践现场相结合，优化开阔教学环境，让培训班学员能够在真实场景中交流互动，促进知识和能力的转化，提高创新和实践能力，从而达到让培训课堂真正“活起来”“火起来”的目的。

中共中央政治局常委、中央书记处书记蔡奇同志提出主题教育要采取场景式、沉浸式、探究式学习方式。借此契机，为进一步丰富教学内容、创新教学形式，2022年8月，在河南省委组织部、省委宣传部和开封市委的领导下，河南焦裕禄干部学院通过“揭榜挂帅”的方式，面向全国公开征集招标了一批特色课程，其中就包括沉浸式课程。

正是在这样的大背景下，为更好地宣传弘扬焦裕禄精神，在做好专题教学、现场教学、案例教学、访谈教学、音像教学等传统教学形式课程开发的基础上，河南焦裕禄干部学院大胆创新教学形式，集中组织科研力量，先后启动了《您好　焦裕禄》《传承——做焦裕禄式最美奋斗者》《厚植——做焦裕禄式接班人》等沉浸式课程的开发打造工作，进一步丰富和完善了教学形式。

在中国共产党波澜壮阔的百年奋斗历程上，涌现出过无数感天动地的英模人物，焦裕禄就是其中杰出的代表。在长期的革命和建设实践中，他当过兵，剿过匪，搞过农业，当过新中国的第一代工人。尤其是他在兰考工作只有一年多，就把人民公仆的本色诠释得淋漓尽致，在群众心中铸就一座永恒的丰碑。为集中展现焦裕禄同志的工作方法、领导艺术、为民情怀和高尚情操，学院通过深入挖掘焦裕禄同志的事迹资源，倾力打造了第一门沉浸式课程《您好　焦裕禄》。

通过《您好　焦裕禄》的课程学习，让学员沉浸其中、角色代入，直观生动地感悟一个可亲、可敬、可学的焦裕禄形象。通过解析焦裕禄的心路历程、决策过程和政治品格，对党员干部学习贯彻党的二十大精神，坚定初心使命、提高斗争本领、强化党性修养有重要作用。

《传承——做焦裕禄式最美奋斗者》是学院打造的第二门沉浸式课程。奋斗是青春最亮丽的底色。在党的历史上，焦裕禄是一个熠熠生辉的精神坐标，它指向了党和人民对好干部的期待，诠释了对奋斗者的礼赞。半个多世纪以来，焦裕禄精神教育和影响了一代代中国共产党人。党的十八大以来，为实现中华民族伟大复兴的中国梦，习近平总书记多次在重要场合号召全党向焦裕禄学习。

《传承——做焦裕禄式最美奋斗者》重点以“焦裕禄明灯邮局”为线索，分5个单元集中展现了以廖俊波、张桂梅、薛其坤、付巧妹、刘洋等为代表的焦裕禄式优秀党员干部们的工作方法、为民情怀和高尚情操，通过把学员“代进来”“沉下去”，使课堂“动”起来、“活”起来，旨在教育引导广大党员干部传承弘扬焦裕禄精神，不忘初心、牢记使命；勇于担当、敢于斗争；知行合一、真抓实干；扎根基层、奉献人民，紧紧围绕新时代新征程党的中心任务，推动学习成果及时转化为干事创业的精神动力，争做一名新时代焦裕禄式最美奋斗者。

正在开发的第三门沉浸式课程《厚植——做焦裕禄式接班人》，形式上区别于前两门，力争打造出具有新内涵、新模式的全新课程，用契合主题的典型事迹和直击心灵的名言警句给学员留下深刻的印象，深化党性教育意义。

通过贯彻落实中组部相关文件精神，河南焦裕禄干部学院充分运用现代信息网络手段，改进教学方式，不断增强党性教育培训的政治性、时代性、针对性、有效性。

首创沉浸式党性教育课程《您好　焦裕禄》，力求达到以学铸魂、以学增智、以学正风、以学促干的主题教育成效。同时，也让学员从观看者，成为亲历者，最终成为焦裕禄精神的传承者。

那么，《您好　焦裕禄》究竟是怎样一门课程呢？下面就让我们走进这门沉浸式党性教育课程。

第二节 《您好　焦裕禄》

温馨提示

各位学员：

大家好！

红色沉浸式课程《您好　焦裕禄》马上就要开始了！在上课之前，有几点温馨提示：

首先，这是一堂严肃的党性教育课，请大家提前将手机调制成静音模式。上课期间，不要随意走动，不要随意接打电话。课程进行中，大家可以用手机进行宣传，让更多的人了解焦裕禄精神。另外，课程中有三个集体互动环节，分别是保护太行堤的对抗、集体重温入党誓词，以及向焦书记问好，并作出承诺。请大家根据老师的引导，积极配合。

课程开场

开　场

在全党深入开展学习贯彻习近平新时代中国特色社会主义思想主题教育之际，欢迎大家来到《您好　焦裕禄》沉浸式课堂，参与焦裕禄精神沉浸式学习。

今天，我们以沉浸式教学的方式学习焦裕禄精神，就是要使全党始终保持统一的思想、坚定的意志、协调的行动、强大的战斗力，努力在以学铸魂、以学增智、以学正风、以学促干方面取得实实在在的成效。

请各位放松心情，让我们一起走进那个时代，听那个时代的人所听，感受那个时代的人所感。全程会有我们的老师带领大家，各位只需跟随老师的引导进行课堂学习。在课程进行中，希望大家积极参与。

祝大家在接下来穿越的时光里，拥有一段难忘的旅程。

入学考试

· 上课铃声响起

老师：同学们好，现在是你们进入焦裕禄干部学院的入学考试环节，

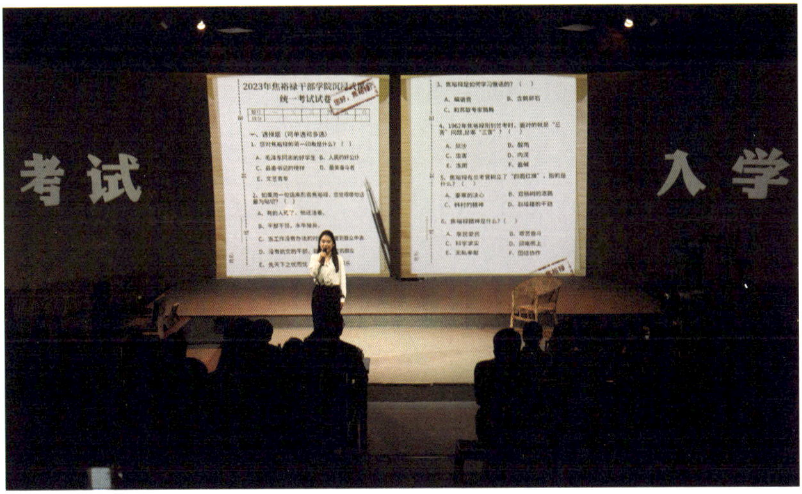

入学考试

请大家观看屏幕上的这张试卷，默默思考答案。

2024 年焦裕禄干部学院沉浸式课堂统一考试试卷

选择题（可单选可多选）

1. 您对焦裕禄的第一印象是什么？（　　）

A.毛泽东同志的好学生　　B.人民的好公仆

C.县委书记的榜样　　D.最美奋斗者

E.文艺青年

2. 如果用一句话来形容焦裕禄，您觉得哪句话最为贴切？（　　）

A.有的人死了，他还活着

B.干部不领，水牛掉井

C.当工作没有办法的时候，就要到群众中去

D.没有抗灾的干部，就没有抗灾的群众

E.先天下之忧而忧，后天下之乐而乐

3. 焦裕禄是如何学习俄语的？（　　）

A.编谐音　　B.含鹅卵石

C.和苏联专家跳舞

4. 1962 年焦裕禄刚到兰考时，面对的就是“三害”问题，是哪“三害”？（　　）

A.风沙　　B.酸雨

C.虫害　　D.内涝

E.冻雨　　F.盐碱

5. 焦裕禄在兰考曾树立了“四面红旗”，指的是什么？（　　）

A.秦寨的决心　　B.双杨树的道路

C.韩村的精神　　D.赵垛楼的干劲

6. 焦裕禄精神是什么？（　　）

A.亲民爱民　　B.艰苦奋斗

C.科学求实　　D.迎难而上

E.无私奉献　　F.团结协作

·给大家留出三分钟观看试卷

·时间一到，关掉灯光，视频出现

小　刘：今天要写一篇学习焦裕禄精神的文章……学习焦裕禄精神，人民公仆，干部楷模，但时代已经变了，环境也变了，我究竟该写一些什么呢？

【打开灯光，时空转换的音乐声音响起，小刘进场】

小　刘：呦，今天来了好多人，真热闹呀。同志们好，我是通讯员小刘，我的工作是要采访大家。你们都是谁呀？

焦方开：我叫焦方开，是禄子的民兵队队长。

李星英：俺叫李星英，是禄子的娘。

徐俊雅：我叫徐俊雅，我是焦裕禄同志的爱人。

李自立：俺叫李自立，大家都喊我大老李。

程世平：我叫程世平，是老焦的亲密战友。

小　梅：我叫小梅，我的父亲是焦裕禄。

我叫杨跃；我叫黄守业；我叫焦国庆；

俺叫赵淑兰；俺叫魏铎彬。

小　刘：那你们为什么都聚在这里？你们好像都和一个人有关系，是谁？

群　声：焦区长！/焦科长！/焦裕禄！/焦书记！

小　刘：对，是焦裕禄同志。

通过再现焦裕禄同志一生走过的路，在博山、尉氏、洛矿、兰考，以及他与亲密战友、同事等人工作时的场景，去体悟焦裕禄精神是如何孕育、成熟与发扬光大的，感受伟大成就的来之不易，激发广大党员干部争做焦裕禄式的好党员、好干部，人民的好儿女！

一、第一幕 家乡入党

山东博山地处鲁中，煤炭资源丰富，外国列强觊觎已久，1937年7月7日，日本侵略者发动全面侵华战争，在华北地区分三路展开战略进攻，其中一路是沿津浦路南犯山东。

七七事变以后，日本完全占领博山，开始了残酷的殖民统治，在长达8年的殖民统治中，日本兵烧杀抢掠，无恶不作，日本帝国主义的铁蹄肆意践踏华夏，野蛮的烧杀抢掠，犯下了种种令人发指的罪行。

山东抗日根据地的建立和党的工作的加强，极大提高了人民群众抗日斗争的觉悟，各地武装力量不断发展壮大，为了给予山东这个具有重要战略地位的地区强有力的支援。1938年12月，中央决定，将苏鲁豫皖边区省委改为中共山东分局，把一个边区省委改为中央的一个分局，足以看出党中央对于山东抗日根据地的重视和其战略地位的重要性。

1945年8月，山东纵队三师七团于22日直抵博山，包围了盘踞在博山的伪博山县警备大队、伪矿警大队、特务大队、伪警察局等敌武装2000余人。23日，七团一、二营分别从南、东、西门向城里发起进攻，伪县长马云涛被俘，博山第一次解放。经过战争的洗礼和考验，焦裕禄的思想成熟了，认识也深刻了，北崮山村民兵队队长焦方开等人考虑让他加入中国共产党。

1. 人物角色

焦方开：焦裕禄的本家，村里的民兵队队长，党小组组长。

焦裕禄：博山县北崮山村进步分子。

2. 演出脚本

小　刘：可你们都来自不同的时间和空间，为什么会一起来到这里？我们面前出现一张记忆地图，上面这些地方好像和诸位都有关系。瞧！这好像就是焦裕禄同志一生走过的路，现在我们就跟随他的脚步，去看看都发生了一些什么。

首先，我们来到焦裕禄同志的家乡——山东博山北崮山村。这里是焦裕禄同志成长的地方，他在这里读过书，也在这里和地主、日军、伪军斗争过，他历经磨难、九死一生。直到1945年，中国人民抗日战争胜利后，焦裕禄同志在党的领导下实现了翻身解放，并在这里加入了民兵组织，不久后也有了一个新的身份——中国共产党党员，从此他走上了为党奋斗的一生。听说他的入党介绍人还是民兵队队长——焦方开。

焦队长，不如您告诉我们这封入党申请书背后的故事吧！

焦方开：我叫焦方开，是禄子的本家，村里的民兵队队长、党小组组长，也是他的入党介绍人。

禄子一共提交了三次入党申请书，但前两次我都没有同意，你们知道是为什么吗？因为我第一次问他为什么要入党时，他居然说他是要为家人报仇。这种思想认识太狭隘，不符合我们共产党员的要求。

焦方开谈焦裕禄的三次入党情况

他第二次申请入党时，我却听说他直接把俘虏的胳膊给砍了。我说："砍头不是更过瘾？"他居然一脸认真地问我："真的可以砍吗？"这可把我给气坏了。我严厉地批评了他，再次拒绝了他入党。

后来，我发现禄子开始主动向其他同志解释党内优待俘虏的政策，做事也有了更多考虑。他不再是那个冲动、只想着以暴制暴的少年，在他心中也开始真正有了人民和群众的概念。我认为他此时已经具备了一名共产党员的基本素养，这才推荐他入了党。

二、第二幕　尉氏除患

尉氏县是焦裕禄曾经两度工作过的地方。尉氏古称"尉州"，位于河南中部，居郑州、开封、许昌三市构成的三角地带。

1947年8月，刘邓大军千里跃进大别山，解放战争的态势由战略防御转入战略反攻。为贯彻中共中央关于开创中原解放区的战略方针，配合陈赓、谢富治集团挺进豫西，华东野战军于9月下旬出击鲁西南，挺进豫皖苏，先后攻克杞县、尉氏县、鄢陵县、泗县、灵璧县等24座县城，建立了豫皖苏解放区。

为了扩大和巩固解放区，党中央决定从山东老区抽调一批干部和青年组建一支渤海地区南下工作队——淮河大队。淮河大队的成立，为解放区的行政管理和土地改革注入了鲜活血液，并有力地推动了敌占区的剿匪反霸工作。在博山北崮山村民兵队的办公室里，上级党组织正式同焦裕禄谈话，告诉他被组织上确定为优秀分子，可以参加淮河大队。

1948年初，南下淮河大队到达豫皖苏区河南境内，焦裕禄被分配到尉氏县区党委民运部。区党委决定在尉氏县南二区搞土改运动，焦裕禄随民运部部长赵敏来到了尉氏县。2月13日，焦裕禄被分配到彭店区（现为许昌市鄢陵县彭店镇），任彭店区区委委员、区工作队指导员，开始了剿匪反霸、土地改革运动。

1948年11月26日，尉氏解放，焦裕禄随尉氏县委走进尉氏县城。位于县西的大营区与中牟相接，盘踞着两县的土匪恶霸与新生的人民政府对抗，敌人的气焰十分嚣张，组织上决定安排焦裕禄到大营区工作。

1. 人物角色

杨　跃：大营区的民兵队队长。

黄守业：黄老三的儿子，解放区的一名营长。

小　刘：通讯员。

焦裕禄：尉氏县大营区区长。

2. 演出脚本

小　刘：焦队长让我们看到了焦裕禄同志不断成长的过程，正是党的进步性与革命事业让焦裕禄同志找到了方向。1946年1月，24岁的焦裕禄加入了中国共产党。1948年，解放战争进入战略反攻阶段，为了支援和发展新解放区，他随部队南下来到河南省尉氏县大营区，有哪位同志对大营区这个地方比较熟悉?

杨　跃：我！我叫杨跃，是大营区的民兵队队长。“大营九岗十八洼，洼洼里头有响马。”这大营区可是土匪猖獗，特别是大营区的土匪头子黄老三，方圆几十里的百姓无不恨他到牙痒痒。我杨跃更是和他有不共戴天之仇！他仗着手里有枪，手下众多，扒过人的皮，抽过人的筋，谁惹了他连个全尸都别想有，真是无恶不作！之前的村干部带着群众分他的地，他让手下直接将干部们活埋在地里，生生给人折磨死，就连我的家人也都是被他害死的。

小　刘：大家伙儿说，这黄老三可恨不可恨?听说焦裕禄同志在这里主要负责剿匪工作，那现在大营区是什么情况了?是不是已经抓住那缺阴丧德的黄老三了?杨跃同志，你给大家伙儿讲讲呗!

杨　跃：还没抓到他呢。焦区长来了之后就让我当了民兵队队长，带着我们一起打土匪。之前我们趁黄老三上坟祭祖的时候设计抓住过他一次，但他特别狡猾，不但供出了一部分土匪，还上缴了很多枪支弹药，焦区长查实后就将他放了。

小　刘：这么轻易就放了？我可是听说那黄老三在解放区里有个当营长的儿子叫黄守业，这焦区长该不是看黄营长的面子就放了他爹吧？

剿匪反霸

杨　跃：反正今儿焦区长跟黄老三说，他那个在解放区当营长的儿子来了信，非让他自己到区政府大院来拿信。这可是第二次抓他的机会，说什么我也不愿意再放过他！

小　刘：黄守业同志好像也在呢，你到底给焦区长写了什么？该不会真是想包庇你老爹吧！

黄守业：我是黄守业，没错，黄老三是我爹。我很早就给焦区长写了信，但绝不是为了包庇他！当年，正是因为我看不惯这个无恶不作的爹，才坚决离开了老家去从军的。当时我得知老焦第一次抓了黄老三却放了他的时候，我就给老焦发电报表明了我的态度和立场，一定要抓到他，让他接受人民公开的审判和制裁。后来老焦来电报说，现在还不是抓黄老三最好的时机。我认为老焦说得对，大营区的匪患不是他黄老三一个人，要想彻底铲除，让所有老百姓过上踏实日子，还是需要方法和策略彻底剿匪的。

杨　跃：这会儿黄老三就在区政府的大院里，那你说，我们是抓还是放？

黄守业：从老焦的策略来看，这次也是设的计谋，他一定希望挖出更多的土匪，也希望有更多的土匪自己来投降，我认为应该还会放。

杨　跃：我不同意！黄老三干过这么多坏事，一放再放，万一这次他真的跑了，我们再也抓不到他，大家伙儿的仇还怎么报？

小　刘：那大家的意见呢？这一次究竟是抓黄老三还是放了他？

放他！

抓他！

小　刘：不如我们举手表决一下，要抓黄老三的举手！（互动）大家伙儿把手放下吧，放了黄老三肯定会有再也抓不到他的风险，但焦裕禄同志让我给大家捎句话——“放长线，钓大鱼”。我们已经解放了，他黄老三逃到哪里，也逃不出我们人民群众的手心。我们这次抓了黄老三，还有黄老四、黄老五，为了将他背后的土匪势力一锅端，让所有的老百姓都过上不再担惊受怕的日子，这次先放了他，大家同意吗？

小　刘：我们团结一心，虽然这次放走了黄老三，但在焦裕禄同志的带领下，我们最终还是三擒两纵将黄老三和他的党羽一网打尽，大营区的百姓纷纷高喊：“杀了黄老三，大营晴了天，睡上个安稳觉，吃上了心净饭。”

三、第三幕　建功洛矿

焦裕禄从1953年到1962年在洛矿工作了9年。

1953年，我国大规模的经济建设开始了，全国人民在社会主义工业化的大道上迈出了矫健的步伐。国家开始实施第一个五年计划，主要任务有两点，一是集中力量进行工业化建设，二是加快推进各经济领域的社会主义改造。

在工业化建设方面，“一五”期间的基本任务是：集中主要力量，进行以苏联帮助中国设计的156个建设项目为中心、由限额以上的694个建设项目组成的工业建设。建立社会主义工业化的初步基础，对重工业和轻工业进行技术改造；用现代化的生产技术装备农业；生产现代化的武器，加强国防建设；不断增加农业和工业消费品的生产，保证人民生活水平的不断提高。“一五”计划选择了与苏联类似的工业化道路，即高积累，优先发展重工业的发展模式。以重工业为核心是这一时期工业化的鲜明特色，由于新中国的工业化基础十分薄弱，苏联式的工业化道路能帮助中国在较短时期内快速建立全面工业化的基础，将中国由自给自足的农业国转变为现代化的工业国，此外，新政权亟须发展的国防工业也需要重工业的支持。

“共和国长子”之一的洛阳矿山机器厂应运而生。1954年1月8日，国家计划委员会正式批准，决定在洛阳涧河西新建我国第一座现代化的矿山机器厂，纪登奎任洛阳矿山机器厂第一任厂长，著名物理学家钱伟长担任洛阳矿山机器厂的技术顾问。同时，为满足经济建设的需要，党也从各方面抽调大批优秀干部，派往工业建设战线。1953年6月，31岁的焦裕禄积极响应国家第一个五年计划，来到河南洛阳矿山机器厂，准备在工业战线上大干一番。

（一）宽待陈志学

1. 人物角色

陈志学：一名来自上海大都市的青年。

苏　霞：洛矿的一名工人。

小　刘：通讯员。

大老李：洛矿的一名工人。

焦裕禄：洛矿基建科副科长。

2. 演出脚本

小　刘：剿匪时胆大心细的焦裕禄，还是一名优秀的工人。1953年6

月，为实现国家工业化，31岁的焦裕禄积极响应国家第一个五年计划，来到河南洛阳矿山机器厂。陈志学同志，你能给我们介绍一下河南洛阳矿山机器厂吗？

陈志学：我叫陈志学，出生在上海大都市，没吃过什么苦。现在，我是洛阳矿山机器厂的青年技术工人。想洛阳，盼洛阳，可来到了洛阳，这里真是一片荒凉……

苏　霞：陈同志，你这么说话我可不爱听。我叫苏霞，也是洛矿的一名工人。虽然我们刚来的时候这里一片荒凉，但在焦科长的带领下，我们克服一个又一个的难题，洛矿现在可是大不一样呢。

小　刘：苏霞同志，我也听说厂里最近有一些关于陈志学同志的风言风语，你跟我们讲一讲是怎么回事？

苏　霞：是这样的，在还有很多人连饭都吃不饱的情况下，陈志学同志居然带头搞资产阶级的生活作风，吃洋饼干，喝洋奶粉。我批评了他，以为他会有所收敛，结果没过几天，他竟然买了新的皮夹克、水獭帽，还故意跑到我面前来炫耀。

宽待陈志学同志

陈志学：奶粉、饼干是我母亲寄给我的，我从小就是吃这些长大的。还有皮夹克、水獭帽也是我用自己的工资买的。

苏 霞：但你这样的生活作风就是不对，影响特别恶劣！还有，你为什么在上海待了两个多月不回来？你回上海不就是因为前段时间工厂失火，回去养伤。但已经过去了两个月，你的伤不应该早好了吗？

小 刘：苏霞同志别着急，今天开会就是为了研究如何处分陈志学同志，我们也来听一听大家的想法吧。

大老李：大伙儿听俺说一句，俺叫李自立，俺虽然没吃过洋饼干，也没喝过洋奶粉，但俺和焦科长也是一起见过一些世面的。知识分子只是和咱们的生活习惯不同，但他们做事也是有自己道理和原则的。厂棚大火着起来的时候，陈同志在火场里头发都烧焦了，身上多处烧伤，但他却紧紧地把工程图纸压在身下，这说明他心里是有厂子、是有责任感的。所以，我不同意因为生活习惯不同就处分他。不过呀，大家伙儿说得也对，这小陈同志，最近确实有点儿大手大脚的，说话也轻飘飘的，确实有被资产阶级所侵蚀的风险，要不咱们小小地处分他一下？算了，我不管了，我不管了，你们来定！

小 刘：那大伙儿的意见是什么？同志，你觉得呢？

·随机采访现场学员

小 刘：不如举手投票一下，认为要严厉处分陈志学同志的举手。大家把手放下吧。从焦科长那里得到的建议是，我们一定要看到陈志学同志的优点。他生长在大都市，对艰苦的环境不习惯，但他为什么会主动选择来到这里？是因为他也想要为国家的建设奉献青春，焦科长说他相信陈志学一定会慢慢适应这里的环境，和大家团结一致、共同为工业建设而奋斗。我们一定要看到他身上的闪光点，鼓励他将技术和精力放在工作上，放在工业建设上！大家同意吗？

陈志学：我接受大家对我的批评。苏霞同志，我也真诚地向你道歉。

苏　霞：陈志学同志，我接受你的道歉，至于以后表现如何我就要再观察一下呢。

陈志学：在上海养伤的两个月里，我的确动摇过。焦科长不仅给我写信鼓励我，还特意给我寄了一份《人民日报》的社论，是焦科长对我的信任让我重新回到了洛矿。

苏　霞：陈志学同志，你能带着我们一块儿学习一下这篇社论吗?

陈志学：好，这篇《人民日报》的社论是《迎接一九五三年的伟大任务》，工业化是我国人民百年来梦寐以求的理想，是我国人民不再受帝国主义欺侮、不再过穷困生活的基本保证，因为这是全国人民的最高利益。全国人民必须同心同德，为这个最高利益而积极奋斗!

小　刘：苏霞同志都走啦。

陈志学：苏霞同志，你等等我，我给你写了检讨。

小　刘：告诉大家一个秘密，苏霞同志和陈志学同志经过这个事情也由革命友情变成了革命爱情!

（二）学俄语

1. 人物角色

李自立：焦裕禄的同事，与焦裕禄一起学俄语。

小　刘：通讯员。

焦裕禄：大连起重机器厂二金工车间实习车间主任。

2. 演出脚本

小　刘：为了更好地建设祖国，焦裕禄同志去哈尔滨工业大学培训半年后，1955年他来到生产工艺先进的大连起重机器厂进行岗位实习。这里有很多的苏联专家，可以帮助我们学习先进的技术，但我们现在集体遇到一个困难，要和苏联专家建立革命情谊，进行友好交流，这样我们才能学到更多先进的工业技术。听说俄语可是出了名地难学，李自立同志，你不是和焦裕禄同志一起学习过俄语，你们是如何学习的？

李自立： 说起这学俄语，我们还是吃了点苦头的。苏联专家当时说咱们中国人要想学俄语，就要在嘴里含块石头练才行，大家都是当调侃听听，没人当真，更没人这么做。但老焦不是，他当真找来一块鹅卵石，每天在嘴里绕来绕去，嘴里磨出来血泡不说，有时候还冒血。他呀，不光自己这么练，还拉着俺们跟他一起练！后来老焦说起俄语来，苏联专家都竖大拇指。现在，连俺这个大老粗都能说上几句！要知道俺们刚来的时候，厂里人都说让“扯牛尾巴（yǐ ba）的土八路”来搞大工业，简直是胡闹。但老焦带着俺们学俄语这件事让他们所有人刮目相看，再也没人说这样的话了。

小　刘： 大老李，我们对俄语都很感兴趣，假如现在我们遇到了苏联专家，应该如何跟他们打招呼呢？你可以教大家一下吗？

李自立： 打招呼的话当然要先说“你好”！（Здравствуйте，发音为兹德拉斯特维杰）同志，你来说一下？

互动学俄语

·现场学员互动

李自立：大家说得不错，那我们现在来学下一个词——同志，同志是товарищ（发音为达瓦里希——尾音拉长）。同志，你来说一下？

·现场学员互动

大家伙儿一起来说一下好吗？

同志，你们互相对对方说一下？

我们一起说："同志，你好。"（发音为兹德拉斯特维杰，达瓦里希）

小　刘：大家学得真是又快又好！焦裕禄同志正是通过学习俄语，克服了与苏联专家交流的困难，学到了最先进的生产技术。他带着一身的本领回到洛矿，后来遇到了中苏关系破裂，苏联专家退出，他们临走时说中国离了他们一定造不出先进的提升机。但焦裕禄同志带领大家只用了3个月就成功研制出了2.5米双筒提升机。

（三）调度科科长

1. 人物角色

苏　霞：洛矿的一名工人。

小　刘：通讯员。

焦裕禄：洛矿生产调度科科长。

陈志学：一名来自上海大都市的青年。

2. 演出脚本

苏　霞：双筒提升机试制成功不久，焦裕禄同志从洛矿一金工车间主任转任调度科科长。大家认为工厂里最难干的工作是什么？

· 现场学员互动

苏　霞：这位同志你和我想的一样，我就是干调度的。整天跑腿学不到技术、出力不落好。特别是遇到某些同志，头疼得不得了。

陈志学：就是，就是。

苏　霞：焦科长发现了这种情况，他找我们谈话，还组织召开了调度会。

小　刘：会上焦科长都和你们说了什么？

苏　霞：他在会上的第一个议题就是考试。他问我们今年国家的大政方针是什么，全厂的中心任务是什么，最近厂党委提出哪些行动口号。我们当时就蒙了。这生产会议不讲生产，考试有啥用？

陈志学：就是，就是。

苏　霞：就是什么呀！说的就是你，某些同志！焦科长说，他不是想给大家出难题，而是想通过考试让大家明白，调度员在工作中要抓住主要矛盾和矛盾的主要方面。

调度员苏霞

小　刘：的确，一个好的调度员，首先必须学会抓思想，既当调度员，又当宣传员、技术员。

苏　霞：也因为这个事情，大家都称呼焦科长为“政治科长”。

陈志学：就是，就是！

苏　霞：哎，陈志学同志，你怎么还就是！

小　刘：焦裕禄同志在工作中不仅业务能力强，还善于做政治思想工作。他是工业战线上的红旗手，也是农业建设的领航员。

四、第四幕　情系兰考

兰考县位于河南省东北部，地处黄河下游险工堤段。北连黄河，南贯陇海，西临开封，东通商丘，一直为河防重地，历史上黄河曾多次在兰考县域内泛滥、决口和改道。黄河在兰考的多次决口，留下了一条又一条黄河故道和断堤、废堤。这些断堤、废堤与村庄纵横交错，就形成了许多大风口；黄河多次改道使兰考地表坑洼不平，积水无法顺利排出，便形成了内涝；兰考地下水本身含碱量大，冬春持续天旱，涝地里的水在蒸发以后，又形成大片大片的盐碱地。因此，兰考人民饱受风沙、内涝、盐碱三大自然灾害的肆虐。

1960年左右，兰考县委领导班子因故需要进行调整，再加上1962年兰考灾情的空前严重，组织上经过慎重的考虑，决定将焦裕禄派往兰考，担任新的兰考县委书记。

（一）夜访火车站

1. 人物角色

程世平：兰考县县长。

小　刘：通讯员。

郭希成：兰考“劝阻办”工作人员。

焦裕禄：兰考县委书记。

2. 演出脚本

小　刘：1962年6月，自然灾害发生以后，为支援农业建设，他又积极服从组织安排，从洛阳矿山机器厂重返尉氏县，任县委书记处书记，主抓农业农村工作。

1962年12月，兰考的灾情牵动着党和政府的心，焦裕禄同志又带着一身干劲与病痛，临危受命，离开尉氏，前往兰考。在他到达兰考后，将省吃俭用的137块钱寄给了尉氏县委。我这里还有一张兰考火车站的旧照片，程世平同志、郭希成同志，在这里又发生了什么呢？

程世平：我叫程世平，是当时兰考县的县长。“冬春风沙狂，夏秋水汪汪，一年辛苦半年糠，扶老携幼去逃荒。”常年的风沙让这里种不出粮食。村里的老人很多都食不果腹，只能逃荒出去。

郭希成：我叫郭希成，在兰考“劝阻办”工作。兰考这里位于九曲黄

夜访火车站

河最后一道弯处，常年的风沙、内涝、盐碱。全县总共36万人，却有20多万人外出讨饭，这里的工作根本无法开展。我还记得那天是深夜11点，睡梦中，我接到焦裕禄同志召集大家开会的通知，他没有宣布会议日程，而是带着大家迎着扑面而来的雪花，步行了2公里，来到兰考火车站。

程世平：朔风刺骨的雪夜，白雪皑皑的车站外面，拖家带口逃荒的灾民成群结队，大厅椅子上、地板上到处都横七竖八躺着人，停在站内的几列火车上爬满了灾民。

郭希成：兰考因讨饭而在全国出名，人们戏称它为“铁道游击队的故乡”。为了避免兰考劳动力的流失，上级指示我们劝阻灾民流窜。为此，我们设立了“劝阻办”。

程世平：小郭啊，你还记得那个为了小孙女不挨饿，跪在地上哀求咱们放她出去讨饭的老大娘吗？她让我们放心，说他们出去讨饭一定不会说自己是兰考的。小郭，难道你听这话就不感到羞愧吗？

郭希成：我……唉，之前劝他们留在兰考是我的工作，但我的确没有站在他们的角度为他们着想。

程世平：对，焦书记才是真正将老百姓放在心里的人啊。他对乡亲们承诺，一定会帮助大家战胜灾害，找到出路，等着大家一起回来改变兰考、建设家乡！在焦书记的带领下，“到最艰苦的地方去，到灾情最重的生产队去！”成了全县干部的行动口号。我下定决心，这辈子就是要在兰考扎根，一定要和老焦一起在这片土地上带领兰考老百姓拼出一片天，让他们永远不用再背井离乡，过上真正的好日子！

小　刘：程县长，我们相信您，兰考人民感谢您！

（二）成立除“三害”办公室

1. 人物角色

魏铎彬：兰考县张庄村的村民。

小　刘：通讯员。

赵淑兰：赵垛楼大田村的村支书。

焦裕禄：兰考县委书记。

2. 演出脚本

小　刘：焦裕禄同志力主撤销了“劝阻办”，成立了除“三害”办公室，大家都知道，“三害”问题是兰考人民最大的敌人，可是大家知道是哪“三害”吗？

·现场学员互动

小　刘：没错！正是风沙、内涝、盐碱。赵淑兰、魏铎彬，这三害到底是怎么治理的？

魏铎彬：要说治风沙，焦书记可是受了俺的影响。俺叫魏铎彬，是兰考县张庄村的一名普通村民。俺娘的坟头在张庄村的风沙地里，大风总把那坟头吹得露棺木。为了不让棺木露出来，俺基本上天天都往坟头上跑，往上面培土。可能是老娘也心疼俺了，俺发现坟头边上的土，往下挖深了竟然是胶泥和淤泥，俺就把它们盖在老娘坟头上，没想到那大风就再也吹不动了。更让俺没想到的是，焦书记却能从中受到启发，带领全县人民翻淤压沙。

赵淑兰：魏兄弟，你可帮了咱们兰考大忙啊，焦书记用你的方法给兰考解决了沙地、盐碱地的问题，保住了咱们糊口的庄稼啊。

魏铎彬：难怪焦书记说俺为防风固沙立了大功，但俺不能抢功啊！这不同的人，心里装的是不同的事。咱老百姓心里装的就是吃饱穿暖，想的都是自家那一亩三分地；而焦书记想的是用胶泥盖住万亩沙丘，为兰考百姓造福，想的是千千万万百姓的事儿。

赵淑兰：是啊，焦书记说，毛主席领导人民以愚公移山的决心搬走了压在中国人民头上的“三座大山”。现在，咱们兰考人民头上还有“三座大山”：风沙、内涝、盐碱。我们要做当代“愚公”，把兰考的沙地、盐碱地都翻过来，改造成可以种庄稼的良田。哎，那大家知道什么叫“贴膏药”，什么叫“扎针”吗?

· **现场学员互动**

赵淑兰： 焦书记为了让俺们理解，就把翻淤压沙称为“贴膏药”，把种草栽树称为“扎针”。他还总结了三条治沙经验：造林固沙，百年大计；育草封沙，当年见效；翻淤压沙，立竿见影。只有三管齐下，才能根治风沙的危害。

小　刘： 对！在焦书记的带领下，兰考县全体人民热火朝天地投入了治理“三害”的工作中。为了鼓励兰考百姓，焦书记在兰考树立了“四面红旗”，分别是赵垛楼的干劲、韩村的精神、秦寨的决心和双杨树的道路。

“四面红旗”

赵淑兰：俺是赵垛楼大田村的村支书赵淑兰，俺们村有很严重的内涝问题，焦书记就来俺们村调研，走遍积水洼地，绘制了详细的图纸。俺们按照图纸挖排水沟，种树种农作物。雨季又来的时候，很多村子都被淹了，颗粒无收啊，只有俺们村不仅没有被淹，秋天的时候还获得了丰收，卖了余粮后，还支援了周边村庄一些粮食呢。

那是俺永远都不会忘记的时刻，在全县大小队干部会议上，俺作为代表介绍了赵垛楼翻土地、挖排水沟的经验。也是在这次大会上，焦书记树立了“四面红旗村”，俺们赵垛楼村被焦书记称为“赵垛楼的干劲”！

（三）解决曹县纠纷

1. 人物角色

郭希成：兰考县除“三害”办公室工作人员。

小　刘：通讯员。

张　香：山东曹县的村民。

焦裕禄：兰考县委书记。

程世平：兰考县县长。

2. 演出脚本

小　刘：就在兰考群众开展生产自救时，天公不作美，1963年兰考突发特大水情，南彰、张君墓两个公社水患尤为严重，当时还因为排水问题和临县发生了纠纷。小郭，你知道这个情况吗?

郭希成：这个事还得从兰考区位说起，兰考地势西高东低，一下大雨，贺李河的洪水就会向东泛滥。

张　香：我是山东曹县的村民张香，这事我也记得很清楚。当时为了避免兰考洪水祸及曹县，我们就在边界筑起一条百里长堤，取名太行堤。太行堤建成后，遇见大雨时，曹县的百姓再也不会遭殃了！

郭希成：太行堤建成后，遇见大雨时，兰考的百姓可遭大殃了！

张　香：我听村里老人说，为了这个太行堤，两个县的祖辈们拼过大

曹县纠纷

刀，父亲们架过土炮，儿孙们对过长矛！

郭希成：我听之前的领导干部说，为了这个太行堤，两个县的领导们绞尽了脑汁、磨破了嘴皮、走烂了布鞋！

张　香：1963年兰考遭遇了特大水情，我们加固了堤坝！

郭希成：1963年特大洪水袭击了兰考，我们准备破堤！

张　香：我们曹县百姓扛着扫帚、锄头，在太行堤旁严阵以待！

郭希成：我们兰考百姓扛着铁锹、拿着锄头，在太行堤旁蓄势待发！

小　刘：情势紧张，一触即发！各位，如果是你们在现场该怎么办呢？

· 现场学员互动

郭希成：焦书记带着我们第一时间赶到了堤上，让县委会成员24小时轮流到堤上巡逻，避免出现械斗事件。他一面通令兰考相关公社不准破堤放水，一面派张县长前往山东菏泽地委汇报情况。

他说他是兰考的县委书记焦裕禄，也是出生在山东的焦裕禄。曹县、兰考县虽然是两个省的两个县，但他认为根本利益不存在分歧。不论是华东局还是中南局，我们都应该服从社会主义全局；不论是山东省还是河南省，都得实行多快好省；不论是菏泽专署还是开封专署，都要执行团结治水的总部署；不论是曹县还是兰考县，都是在党领导下的兄弟县，两县的群众都是我们的亲人！两县的村民听了焦书记的话，都觉得很有道理。

程世平： 两县领导达成了一致协议。在焦书记的建议下，兰考县、曹县成立了治水联席会，开挖贺李河道，兰考投资在李馆村建节制闸。当遇大水时，可关闸先排下游积水，然后开闸排上游积水，让兰考的水安全地借道排出。

小　刘： 焦书记的建议从根本解决了太行堤问题，真正让两县的群众无水患之忧，把这次危机隐患点消灭在萌芽阶段！

（四）一壶热水

1. 人物角色

徐俊雅： 焦裕禄的妻子。

小　刘： 通讯员。

小　梅： 焦裕禄的女儿。

焦国庆： 焦裕禄的儿子。

2. 演出脚本

小　刘： 画面怎么消失了，我这里忽然出现了很多物品，这些物品似乎是很多人记忆深刻的东西。大家都来认领一下吧！这暖水瓶，谁记得？沉甸甸的，里面还有一整瓶开水呢。

徐俊雅： 我记得。我是老焦的爱人徐俊雅。

小　梅： 我也记得，我是焦裕禄的大女儿小梅。

焦国庆： 还有我，我是焦裕禄的大儿子焦国庆。

小　刘： 看来，这是属于焦书记一家的回忆，为什么会让一家人印象

一壶热水

如此深刻?

徐俊雅：这瓶开水可是让我流了很多委屈的眼泪。我记得那天是老焦到各个村走访刚回来，我一进家看到他倚在炕上，孩子们围着他蹦蹦跳跳地说这说那，我心里就很高兴。我就转身去食堂给他打饭，回来的时候手上还拎了一壶热水。

小　梅：没想到，父亲看到母亲拎着一瓶开水回来，脸都黑了，说：“你从哪儿打的开水？”母亲愣住了，说：“食堂里他们烧好的，我顺手拿了一壶。”

焦国庆：当时家里的气氛立刻就冷了下来，我心里隐隐害怕，觉得很奇怪，父亲为什么莫名其妙就生气了。

徐俊雅：他就是在生我的气，严厉地批评我说：“你是县委书记的老婆，人家把水烧开你去提着用，你这是占公家的便宜，人家都学你不乱套了！”

小　梅：我看到父亲说母亲“占公家的便宜”时，母亲的眼泪一下就出来了，冲着父亲说：“你已经多少天没有进家了，我一个人操持着家里，只是打了一瓶开水而已，你就要拿你在外面当领导的态度和标准来批评我吗？”母亲生气地放下水壶和饭盒，转身进了里屋。

焦国庆：我轻手轻脚进屋看到母亲躺在床上，一个人在哭，就冲着父亲、大姐比了个抹眼泪的姿势，父亲冲我们做了个鬼脸，一个人拎着暖水瓶和烧水壶出去了。

徐俊雅：我听到有人进进出出了好几趟，末了，老焦站门口喊我的名字，我不想理他。

小　梅：父亲看母亲不理他，就捂着腰“哎哟，哎哟”地叫。母亲赶紧从屋子里出来，问他是不是肝病又犯了，又疼了？父亲抬起头拉着母亲的手笑了起来，母亲看起来有点生气，甩开了他的手。我能理解母亲，她就是拿了一瓶食堂的开水而已，父亲为什么要发火，我也替母亲感到委屈。

焦国庆：我其实也不理解父亲。

徐俊雅：当时我不想理他，但他指着摆了一排的暖水瓶说：“俊雅，这是我自己去烧的。我不是冲你发脾气，只是作为共产党的领导干部，我必须要对你们严格要求。今天不仅仅是一瓶开水的问题，你们是我的亲人，我又经常不在家，如果我治家不严，对你们睁一只眼闭一只眼，你们就容易被诱惑。”唉，夫妻这么多年，其实我懂他，他呀，对咱们家每个人都要求严格，生怕我们犯一点儿错误。小梅呀，国庆，我已经不委屈了。

小　梅：母亲说得对，正是因为父亲治家严谨，这么多年受他影响，我们每个人都严以律己。

（五）一罐酱菜

1. 人物角色

小　刘：通讯员。

小　梅：焦裕禄的女儿。

2. 演出脚本

小　刘：那这罐酱菜是谁的呢？

一罐酱菜

小　梅：是我的，我现在在酱菜厂工作。

小　刘：小梅？我记得你毕业的时候，不是明明可以去做一些其他工作？话务员、教师、县委干事这些职业都很好，你怎么去酱菜厂工作了？

小　梅：我父亲说了，我不能刚出校门就进机关门，他说我还缺少一门劳动课，必须去最苦、最累的岗位上磨砺自己。

小　刘：那你不会觉得委屈吗？

小　梅：本来我也想不通，到了酱菜厂之后，我干的活又脏又累，每天要切菜，切完了腌，腌好了还要拉着车上街去卖。特别是每次切完辣椒之后，我的手都火辣辣地疼，半夜都睡不着觉，我真是越想越生父亲的气。直到有一天，我正在大街上拉着车卖酱菜，不好意思张口叫卖的时候，有个人突然帮我推车，还大声地帮我叫卖，这个人就是我的父亲焦裕禄。路上有人认出他，说这不是焦书记吗？他不但满脸笑容地打招呼，还张罗着卖酱菜。他告诉我，一个人要是觉得劳动难为情，那这个人就是真的变质了。回去的时候，他双手按在腰上，头上出虚汗，我就知道一定是他的肝病又犯了，我想让他休息一会儿，他却冲我摆了摆手，说他小时候挑着担子走70里的山路去卖油，这点儿酱菜根本不算什么。是父亲的以身作则让我明白，劳动没有高低贵贱之分，劳动人民永远都是最光荣的！

（六）一张戏票

1. 人物角色

小　刘： 通讯员。

焦国庆： 焦裕禄的儿子。

2. 演出脚本

焦国庆： 姐姐的心情我们都能理解，父亲只有对我们严格要求，才能让我们成为更好的人。我也犯过错，那时候我带同学去县委礼堂看戏，跟把门的叔叔说我叫焦国庆，是焦书记的儿子，叔叔便没让我们买票就进去

一张戏票

了。本以为省了戏票钱父亲会表扬我，哪知道他很严厉地批评我，说我这是剥削行为。演员演戏是劳动，看戏不买戏票就是不劳而获，是剥削；打着县委书记的名号去看白戏，就是搞特权，小时候占小便宜，长大了就会占大便宜。

小　刘：是这张戏票吗？

焦国庆：是的，他让我明白，任何事情都不能占公家便宜，更不能利用关系搞特权！父亲给了我戏票钱，让我给把门的叔叔送去，同时向人家承认错误。

小　刘：国庆说得好。

（七）众人怀念

1. 人物角色

小　刘：通讯员。

朱礼楚：泡桐试验站的大学生。

肖长贵：兰考百姓。

李星英：焦裕禄的母亲。

小　云：焦裕禄的女儿。

徐俊雅：焦裕禄的妻子。

2. 演出脚本

小　刘：那这袋大米又是谁的？这个时候想吃上大米可是很不容易！

朱礼楚：说起这袋大米，我挺惭愧的。作为一个南方人，我刚来兰考的时候很不适应。沙尘滚滚，天昏地暗，满屋灰脏油腻，喝口水碗里都落半斤土。女朋友更是闹情绪，说她给我在郑州找好了工作，让我离开兰考。可焦书记对我的关怀和器重让我怎么舍得离开这里。粮荒成灾的岁月里，焦书记和兰考人民都食不果腹，他却在我表明生活上的困难后，骑着自行车把40斤大米送到了我工作的观测站。后来我才知道，这袋大米可是县委给焦书记的补助。焦书记常和我说："只要像泡桐一样把根扎进地里，事业肯定会像这棵桐树一样根深叶茂。”真心换真心，来到兰考，我后悔；留在兰考，我不后悔！

肖长贵：礼楚啊，你知道吗？焦书记连个馒头都舍不得吃啊。当年，他在牛棚和俺住了三天三夜，白天帮我干活，晚上和我聊养牛、聊庄稼、聊百姓。他啊，对谁都好，就是对自己不好。我看他每天都不按时吃饭，就想着给他弄点儿吃的，他都要偷偷给我塞钱啊！

小　刘：焦书记都没有好好吃过一顿饭，这煎饼是焦书记山东老家的特产吧？

焦裕禄的母亲李星英

李星英：对，那是俺给禄子摊的煎饼，俺是禄子的娘。禄子啊，从小就爱吃酥脆一点儿的煎饼，因为软的煎饼太筋道，他咬不动。每次我给他做煎饼的时候，都会等每一张都放凉了再叠起来。他在尉氏、在洛阳、在兰考工作的时候，我都会带上他最爱吃的煎饼去看他，但是啊，我每次看到他，他怎么就又瘦了呢？我问禄子：你咋又瘦了，你是不是病了？他每次都呵呵笑，说："娘，我没事，你别担心。"我怎么能不担心呢？我这当娘的心就跟刀割一样疼啊……

肖长贵：老嫂子，禄子这身病都是为了我们兰考人民累出来的，他是我们的大恩人呀。

李星英：唉……

小　刘：大爷，焦书记为大家做了这么多，你想为他做些什么呢？

肖长贵：我呀，最想让他吃上我种出来的麦子做的白面馒头。又软又香，让他一顿吃好几个。他为我们付出太多，太辛苦了，我也想让他吃顿好的，享享福啊！

小　刘：那其他人呢？

小　云：我想，我想喊他一声"爸爸"。从小我一直跟着奶奶长大的，直到那年母亲把我也带到了兰考。长期的分别让我不会喊爸爸了。眼前的这个让我喊他爸爸的人很陌生，很遥远。我记得他微笑着用糖哄我，说："叫爸爸，叫爸爸就给你吃。"我虽然也馋，张了张嘴却叫不出口，我一个劲儿地往门后躲。下次，等我下次见到他，我一定会大声地喊他："爸爸"！

徐俊雅：我想把当年没绣完的那个鸳鸯枕头绣完，都知道鸳鸯是成双成对的，可结婚的时候太匆忙，我只绣了一只，这不吉利，我一定要把它绣完。

（八）病房里的叮嘱

1964年3月23日，焦裕禄的肝病越来越重了，不得不离开工作岗位外出治病，兰考县的干部群众前来给他送行。随着病情的加重，开封医院建议他去郑州医院诊治，郑州医院的大夫在病历上写下了"肝癌晚期"的诊断，建议他转到北京看病，就这样，焦裕禄又被送到北京协和医院，经诊断后，国家最权威的医学专家含泪开出了最终的诊断书：肝癌晚期，皮下扩散。焦裕禄病重的消息传到了兰考，县里来了一批又一批的干部群众。

1. 人物角色

徐俊雅：焦裕禄的妻子。

小　刘：通讯员。

郭希成：兰考县除“三害”办公室工作人员。

程世平：兰考县县长。

魏铎彬：兰考县张庄村的村民。

赵淑兰：赵垛楼大田村的村支书。

焦裕禄：兰考县委书记。

2. 演出脚本

·全场灭灯，打开星空灯

画外音（焦裕禄）：

俊雅，你摸摸这个疙瘩，我总觉得越长越大了。

小郭，不知怎的，这次得病跟往常不一样。

老程啊，病这个东西，你硬它就软，你软它就硬，我就不信治不好它！

小梅，你要好好学习毛主席选集。在书里，你会知道如何做人、做事，成为一个有益于人民的人。

娘，我不疼，娘为我操心了一辈子了，也该享享福。

同志们，我服从组织的决定转院，再给我一天时间安排工作行吗？

乡亲们，不要送了，我很快就会回来的，很快……

女医生：肝癌晚期，皮下扩散。对不起，我们已经无能为力了，焦书记的生命最多还有二十几天……

徐俊雅：老焦，老焦，大家都来看你了。

焦裕禄：都来了，怎么都来了？小郭呀，别忘把我没写完的汇报写完，省里还等着咱们的好消息呢！

小　郭：您放心，焦书记，去年逃荒的老百姓都回来啦！

焦裕禄：赵淑兰、魏铎彬，听说你们那边又下雨了，雨大吗？淹了吗？

赵淑兰、魏铎彬：放心吧，焦书记，庄稼地里都好着呢！

焦裕禄：老程啊，这照片你先帮我收好。

程世平：好的，书记，您不是一直念叨着想看盐碱地上新长出来的麦子，您看，我给您带来了。

焦裕禄：好，真好。俊雅，俊雅，你在哪儿？我的病到底咋回事？医生为什么不肯告诉我？

徐俊雅：老焦，你的病（抽泣）……

焦裕禄：好，好，我明白了。俊雅，如果有下辈子，我还想娶你做老婆，但我要给你过好日子，行不行？

徐俊雅：行！行！行！好日子，苦日子，我都跟着你……

焦裕禄：同志们，乡亲们，我老焦不行了，你们还要在兰考这片土地上坚决地斗争下去，党相信我们，我们就一定要有信心。我们是灾区，我死了，不要多花钱。我死后只有一个要求，希望组织上把我运回兰考，埋在沙堆上。活着我没有治好沙丘，死了我也要看着你们把沙丘治好……

焦裕禄：我……没有……完成……党交给我的任务……

混　音：焦书记，焦科长，焦区长，焦队长……爸！……

（九）母亲的自白

1. 人物角色

李星英：焦裕禄的母亲。

2. 演出脚本

李星英：我的禄子7岁的时候还是个孩子，那天晚上，他躺在俺的怀里，俺对他说："人啊，行得正，走得端，天上的星就是亮的，你要做个好人，你要记住。"他一字一顿地说："娘，俺记住啦！俺记一辈子！"

禄子22岁的时候个子抽高，俺得仰头看他了，他一脸局促不安地告诉我，他要离开家乡，俺对他说："想去就去吧，娘能撑起这个家！"他磕了

母亲的自白

个头说："娘放心，俺不闯出个新天地，就不回来见你！"

42岁的禄子黑瘦黑瘦，俺眼睛有点儿花了，总看不真切。他带着妻子和孩子回老家来看俺，一见面，他却还像个孩子似的抱住了俺，说："娘，俺想你，俺天天做梦都想你。"

禄子啊，娘虽然脚小，但无论你在哪儿，无论走多远的路，娘都可以去寻你，兰考寻你，洛矿寻你，尉氏寻你，哪怕日本人来的时候，你被抓到监狱，娘变卖家产，翻山越岭也要去寻你。可禄子啊，娘现在头发已经全白了，背也挺不直了，脚下走路也走不利索了，但娘还是想去寻你，儿啊，你告诉娘，娘到底去哪儿才能寻到你？

五、第五幕　时空对话

随着焦裕禄精神的广泛传播，越来越多的共产党员来到焦裕禄同志曾经奋斗过的这片土地，了解焦裕禄的事迹，感悟焦裕禄精神的内涵，将他们的所思所想变成火种，撒向祖国的大地，影响一批又一批的人去践行焦裕禄精神，做焦裕禄式的好党员、好干部！

1. 人物角色

小　刘：通讯员。

焦裕禄：兰考县委书记。

2. 演出脚本

小　刘：这时，大家脑海里回忆起焦书记最幸福的四个瞬间：

第一个瞬间是焦裕禄和徐俊雅跳交际舞的画面，幸福、美好。

第二个瞬间是第一台卷扬机制造成功，振奋人心！

第三个瞬间是组织将焦裕禄派到兰考的画面，义无反顾，满腔热血！

第四个瞬间是焦书记亲手种下的泡桐树长高了，他特别开心，留下了唯一一张他主动拍下的照片，充满希望。

小　刘：2024年的今天，我正在写一篇文章，是关于学习焦裕禄精神的，您好，焦裕禄！此刻我正站在您当年奋斗过的这片土地上，看着您亲手栽下的那棵泡桐枝繁叶茂，您在每一个党员心中落地生根。您好，焦裕禄，我叫刘思奇，是焦裕禄干部学院培训部的一名教师。那你们呢，你们都是谁？

焦书记：你们都是谁？（与小刘声音重合）

学员1（魏铎彬）：我叫魏铎彬，我是……

学员2（黄守业）：我叫黄守业，我是……

学员3（朱礼楚）：我叫朱礼楚，我是……

学员4（陈志学）：我叫陈志学，我是……

所有人：我们都是来自2024年各个地方的党员。

焦裕禄：2024年？那是什么光景了？人人都能吃上白面馒头了吗？

小　刘：那是一个早已不愁吃穿，高楼大厦林立，科技全面发展的新时代！

焦裕禄：好！好！好得很啊！那你们今天为什么还要来找我呢？

时空对话

小　刘：我们来学习您的工作方法和为民情怀，现在被称为焦裕禄精神！

焦裕禄：可我只是一名普通的共产党员，一名普通的人民干部。

小　刘：但您的精神影响了后世千千万万的共产党人！

焦裕禄：那你们都学到了什么？

小　刘：学到了您的追求与信仰，您牢记宗旨、心系群众，心里装着全体人民，唯独没有自己；您勤俭节约、艰苦创业，敢教日月换新天；您实事求是、调查研究，坚持一切从实际出发；您不怕困难、不惧风险，敢在困难面前逞英雄；您廉洁奉公、勤政为民，为党和人民鞠躬尽瘁，死而后已！

焦裕禄：这精神就是我们每一个共产党人的初心。我们都明白，只有人民才是创造世界的真正动力，力量来自人民，胜利属于人民，荣耀归于人民。我已过世数十载，但只要共产党人还在，你们所说的这精神一定会代代相传！

· 打开灯光

小　刘：现在，到了你们真正的入学考试环节，请全体起立，我想问你们5个问题，请伸出您的左手，握拳，放在身侧。

灵魂十问（现场互动）

（1）在工作中，您是否像焦书记那样做到了亲民爱民？如果做到，请伸出一根手指。

（2）在工作中，您是否像焦书记那样做到了艰苦奋斗？如果做到，请伸出一根手指。

（3）在工作中，您是否像焦书记那样做到了科学求实？如果做到，请伸出一根手指。

（4）在工作中，您是否像焦书记那样做到了迎难而上？如果做到，请伸出一根手指。

（5）在工作中，您是否像焦书记那样做到了无私奉献？

如果做到，请伸出一根手指。

焦裕禄：你们从五湖四海来到这里，不同的成长环境给了你们不同的起点。我们都是共产党的干部，人民的子女。在这里我还有5个问题，请各位伸出右拳，放在身侧。

（1）您是否把自己当作人民的儿女？

如果做到，请伸出一根手指。

（2）您是否以自己的行动影响了一群人，改变了一个地方？

如果做到，请伸出一根手指。

（3）您是否在工作中有成就感？

如果做到，请伸出一根手指。

（4）您是否能管好家人、管住身边人，做到清正廉洁？

如果做到，请伸出一根手指。

（5）您是否还记得当年入党宣誓的情景？

请大家举起右拳，和我一起重温入党誓词。

焦裕禄：我宣誓！

焦裕禄、小刘、全体学员：我宣誓！

焦裕禄：我志愿加入中国共产党，拥护党的纲领，遵守党的章程，履行党员义务，执行党的决定，严守党的纪律，保守党的秘密，对党忠诚，积极工作，为共产主义奋斗终身，随时准备为党和人民牺牲一切，永不叛党。

宣誓人：焦裕禄。

·全体学员跟随焦裕禄重温入党誓词

焦裕禄：同志们好！

苏　霞：您好，焦书记！我们会像您一样，始终把坚定理想信念作为必修课，不忘初心，以学铸魂，在工作和生活中讲政治、顾大局、守规矩！

郭希成：您好，焦书记！我们要像您一样以学增智，善于从党的科学理论中悟规律、明方向、学方法、增智慧，不断“充电”、加油！

老　师：您好，焦书记！我们坚持学习您的清正廉洁、无私奉献，任何时候都不搞特殊化，以学正风，请您放心，新征程上我们依然发扬艰苦奋斗、勤俭节约的革命传统！

小　刘：您好，焦书记！我们将继续发扬您的“三股劲”，牢记嘱托，紧密围绕党的二十大精神的总要求、总部署，以学促干，以“拼”的精神、“实”的干劲、“敢”的担当，努力创造出经得起历史、人民和实践检验的崭新业绩！

现在，请大家和我一起向焦书记问好，并作出承诺。

您好！焦书记！

我愿意做您这样的好党员、好干部、人民的好儿女！

现场学员向焦书记作出承诺

老　师：好了，同学们，大家还记得我们入学考试的那张试卷吗？还记得刚刚伸出的两个拳头吗？对照焦裕禄同志，对照好干部标准，您是合格党员还是优秀党员呢？古语道，见贤思齐，见不贤而内自省。希望大家都能保持赶考的清醒、自我革命的勇气，答好人生的每一份试卷！

感谢各位来体验全国首创红色沉浸式课堂《您好　焦裕禄》，焦裕禄的故事永远能打动我们每一个人，焦裕禄精神永不褪色。也希望大家可以通过本课堂深刻领会习近平总书记的号召，争做焦裕禄式好党员、好干部；更好地理解领悟习近平新时代中国特色社会主义思想，在新的征程上，筑牢信仰之基，补足精神之钙，把稳思想之舵。

以上就是《您好　焦裕禄》的全部内容，谢谢大家！

第三节　创新式教学

一、课前融入

《您好　焦裕禄》时长1小时10分钟，角色为20个，其中14个角色由学院老师担任，分别是小刘、焦裕禄、李自立、郭希成、李星英、苏霞、女医生、小梅、徐俊雅、老师、赵淑兰、程世平、肖长贵等。6个角色由学员担任，分别是焦方开、魏铎彬、张香、朱礼楚、陈志学、焦国庆等。

在课程开始前一天将台本给参演学员熟悉相关内容，上课前1小时到达教室进行彩排，穿上特制服装，并做好造型。

每节课程都有一位总负责人负责统筹，在课程开始前提前到达教室，检查服化道、音响设备、参演学员是否到位，课程彩排情况，等等；在课程进行中，负责把控整体流程及节奏，关注场内情况，包括雾森、造雪机、耳麦、灯光等道具是否正常进行；课程结束后，总结问题，及时整改，回收台本。

（一）课程彩排

（1）在参演学员到达教室后，辅导学员进行自我介绍，理顺上下场、台词、互动动作、对抗动作等。

（2）向参演学员介绍台词本的使用方法，一起详细分析角色人物的背景、性格和故事内容，以便更容易把握相关角色。

（3）熟悉课程内容和视频节奏，相互配合，如卡视频、灯光、身边参演学员耳麦及上下场等。

（4）向参演学员演示如何正确使用耳麦以及如何应对突发事件。

（5）排练入场、谢幕。

（二）课程注意事项

（1）检查教室、人员、视频、学员落座情况等。

（2）课前动员：课前10分钟，把所有参演学员集中在一起，介绍课程内容和流程，强调课程纪律，以期实现最优的课程效果。

（3）明确人员分工，安排专人负责服化道、场内纪律维护等。

（4）课程开始前，向全体学员介绍课程进行中所涉及的互动环节，引导并鼓励大家积极参与。

二、课程展演

课程正式开始时，学院老师提前组织学员在候场区按顺序站位，当听到开课老师说“有请焦裕禄的朋友、同事、战友和家人闪亮登场”后，有序入场，面带微笑，高举双手面向学员，边走边挥舞双手，定格2秒左右依次走到相应座位上落座。

在课程演绎过程中，根据导演前期指导，学院教师引导参演学员进入角色状态，按照既定调度进行课程演绎。开场前，学院老师会温馨提示学员保持课堂纪律，跟随课程进程积极互动，参与其中，然后请出所有参演学员闪亮登场，参演学员入场落座后，关掉场灯，播放视频，学院老师上场根据课程内容逐步推进故事发展。在每一个篇章开始时，由学院老师引导所涉及的学员上下场、说台词、走调度等，同时根据不同故事场景配合使用雾森、鼓风机、造雪机等道具。

在课程结束前，当开课老师说“请所有老师和有角色的学员上台谢幕”时，学院老师主动引导身边参演学员站到舞台前，面向“焦裕禄”一起鞠躬，起身后学院老师引导参演学员上台，组织好参演学员站位后，一起面向全体学员鞠躬，鞠躬后，提示全体学员课程结束，有序离场。

三、结构化沉浸

在课程结束后，为进一步深化学员对焦裕禄、焦裕禄精神有更深次的理解与认识，巩固学习成果，激发学员干事创业的动力，以更坚实的脚步、更大的激情投入实际工作中，特加入结构化研讨环节。

具体的研讨题目和流程如下，根据不同班次的需求和特点，在后续的过程中研讨题目，流程也将根据实际需要进行相应的调整。

（一）《您好　焦裕禄》研讨题目

（1）请大家重新填写那张入学考试试卷。

（2）对照焦裕禄精神，对照好干部标准（习近平总书记提出“信念坚定、为民服务、勤政务实、敢于担当、清正廉洁”的好干部标准），分析一下自己的差距和努力的方向。

（3）结合习近平总书记在兰考调研时提出的“焦裕禄为我们留下那么多，我们能为后人留下什么”这一问题，您有什么感悟?

（二）研讨流程

1. 第一阶段：推选环节

每组推选组长、发言人、记录员各一位（2分钟）。

组　长：组织组内学员开展研讨交流，把握各组的研讨时间和节奏，组织成员推选出一名发言人，研讨结束后梳理归纳出本组的汇报成果。

记录员：在发言过程中将大家的发言要点记录在白板上。

发言人：负责对大家的发言内容进行归纳总结，并结合白板上的记录内容，代表本组进行成果展示。

2. 第二阶段：研讨环节

三道题目共给大家30分钟的讨论时间（在30分钟研讨的过程中，每位组员都要对每道题目进行组内发言，在讨论过程中，务必要结合实际，充分讨论，避免重复；在大家聆听发言时，不打断，不质疑，发言人发言后，其他学员如有不同意见，可进行补充发言）。

3. 第三阶段：发言人发言

最终汇报成果时，发言人代表本组成员对三道题目进行发言，时间为8分钟。

研讨课程结束后，每组组长组织小组成员将汇报成果形成成果简报，作为本课堂的最终展示，一份为大家留档保存，一份作为整个班级的学习成果反馈给主办单位。

第四节　沉浸式教育

沉浸式，是指为参与者提供完全沉浸的体验，使参与者有一种置身于虚拟世界之中的感觉。“沉浸式体验”近些年在文商旅领域内蓬勃发展，呈现出万物皆可沉浸的发展状态。沉浸式思政课堂由此应运而生，具体是指沉浸式教学在思政课中的运用，是将思政课教学内容深度嵌入极具氛围感与代入感的特定场景，使教育对象以浓厚的兴趣沉浸其中，驱动教育对象由感官体验上升到情感体验与价值体验，激发其情感的共振与思想的共鸣，引导其在不间断的学习中净化思想，锤炼党性，增强获得感，提升思政课的教学实效性。

在传统的教学中，由于受时间、空间等各方面的限制，主要以说教式的单向输出为主，学员参与感弱，这种教学效果往往难以达到预期效果，而如今《您好　焦裕禄》结合演、讲、唱、读、听、问、答等多种形式，形成了多维立体的沉浸式教学模式，从焦裕禄同志的家乡出发，通过他一生走过的轨迹来诠释焦裕禄精神从萌发到确定的过程，将学员变成历史故事中的人物，将“讲台”变为“舞台”，将“讲理论”变为“讲故事”，将让干部教育由“漫灌”变成“滴灌”，用故事抓住感人点、情感线、思想面，以小见大、以情感人，让参与这堂课的学员在有限的时间内快速走进那个特定的时代，并从那个时代的角度来思考焦裕禄同志独特的人格魅力和焦裕禄精神的当代价值，让理论看得见、摸得着，从而也让学员在感性和理性的交融中接受了灵魂的洗礼，真正使教学达到入脑入心的成效。

学员感动瞬间

一、以角色代入深化互动体验

红色沉浸式课程《您好　焦裕禄》打破传统教学的模式，创新教学形式，给予学员更多的参与感和更深的沉浸感。传统教学主要以教师授课、学员听讲为主，属于单向输出，学员在课堂上思考的时间比较少，且传统教学中的理论性大于故事性，是从一个更有条理性、逻辑性的方向进行输出，需要学员在课后进行吸收消化；而《您好　焦裕禄》更多是以学员为主导方向，让他们参与到故事中，成为故事中的人物，他们可以是焦裕禄同志的妻子、女儿，也可以是焦裕禄同志的战友、同事。不同的人物身份、不同的时代背景，让学员能够更加主动去思考一个个红色故事的发生、发展，从而将自己代入角色之中提升互动体验，这样更容易设身处地认识和理解焦裕禄这一人物。

在教学形式上，课程《您好　焦裕禄》提取并融合了话剧表演、诗词朗诵、音视频节目等多种艺术元素，以独创人物翻转、光影梦幻的表现手法，通过让学员成为故事角色，串起一个个真实的故事，设置跌宕起伏的情节，让学员真正融入焦裕禄所处的时代背景和人物设定之中，实现现实人物与历史事件的串联，力图让人们看到真实的、有温度的焦裕禄，领略故事背后的鲜为人知的历史背景。在这种时代背景和人物设定之中，学员的角色变得更加多样，学员的主动性和自主性也得到不断增强，真正让学员在复盘事迹、直面矛盾、互动对话、深情演绎中受到心灵的冲击，进而演绎出一场场跨越时空的对话，感受一个多维立体的焦裕禄。

因而，《您好　焦裕禄》中教师与学员之间呈现出角色代入提升互动体验的特征，也呈现出主客体更加平等的特征。在课程中，教师是学习环境的设计者，学员是进入沉浸式学习的引导者与价值观的引领者；学员是学习环境的体验者，也是学习的投入者。因此，教师与学员之间也不是传统教学中主体与客体的关系，在教学过程中，教师与学员始终进行着平等的对话、心灵的沟通与互动、情感的共鸣、思想的碰撞和智慧的共享，二者都是沉浸式教学的全方位主体，并在教学的不同环节发挥自己的主体性。

二、以实景重现演绎红色经典

习近平总书记在中共中央党校建校90周年庆祝大会暨2023年春季学期开学典礼上的讲话中提出："要提高党性教育的针对性和实效性，改进教学方法，融通教育资源，使党性教育更加生动深刻、有血有肉。"焦裕禄干部学院积极挖掘焦裕禄精神文化资源，全力开展教学改革，以融媒体技术为依托，沉浸式讲述焦裕禄生命不息、奋斗不止的激情岁月。《您好　焦裕禄》着力把控背景音乐、场景搭建、氛围营造等方面细节，让灯光音响相互配合，把现代科技元素融入其中。技术加持提升了课程品质，同时融入了更具多元化、交互性的教学资源，最大程度为学员呈现或营造便于获得直接经验的学习情境，让红色经典活化、具象化，使学员在与焦裕禄跨时空对话中，加深对焦裕禄以及焦裕禄精神的理解和感悟，不仅能让学员在虚拟空间与情境中进行体验式学习，还能增加教学内容或知识点呈现的立体感，增强其真实感和代入感，真正实现沉浸式教学目的。同时，学员也可以根据自身所扮演的角色，对学习内容和对象进行操控、反复体验与探究，以加深学员领悟焦裕禄同志独特的人格魅力以及焦裕禄精神的时代价值。

三、以党性叩问强化灵魂洗礼

2014年，习近平总书记在兰考视察时曾说过，我们要看焦裕禄是怎么做的，对照自己，见贤思齐。我们要深入思考一个问题：焦裕禄在兰考工作的时间并不长，却给我们留下了这么多的精神财富，我们应该给后人留下什么样的精神财富？《您好　焦裕禄》通过集中展现焦裕禄同志的工作方法、领导艺术、公仆情怀和高尚情操，充分融入习近平总书记关于焦裕禄精神的讲话要旨，并突出把习近平总书记的谆谆教诲化为10个直击灵魂的叩问，比如：您是否把自己当作人民的儿女？您是否以自己的行动影响了一群人，改变了一个地方？您是否能管好家人、管住身边人，做到清正廉洁？等等。通过直击灵魂的叩问，将学员带回现实情境，用自己的现实身份去思考焦裕禄精神的现实意义和当代价值，对标焦裕禄，思考自己在工作中还有哪些差距，又该如何缩小差距，见贤思齐，见不贤而内自省，从而积极引导党员干部“学思想、强党性、重实践、建新功”，让党的创新理论看得见、摸得着，助力实现常讲常新、入脑入心的效果。

在课程环节，学员会跟随老师的引导起立，左手握拳，面对一个个直击灵魂的叩问，或坚定地伸出一根手指，或犹豫不决，有的学员甚至激动得满含热泪。学员表示，对照焦裕禄精神，对照好干部标准，扪心自问自己是否是一个合格的共产党员，是否是人民的好公仆，是否能像焦书记一样真正做到把一切奉献给人民。这个直击灵魂的叩问环节极大凸显了课程的内在意义，真正达到了灵魂洗礼和升华。

四、以集中研讨促进感悟提升

课程结束后，设置了结构化研讨环节。学员结合新时代面临的新的党情国情世情，围绕如何学习弘扬焦裕禄精神进行分组讨论，实现充分的碰撞，达到在感悟中进一步提升的效果。

通过学思践悟，学员带着满满的感动进行结构化研讨，把理论和实践相结合，把学习精神和提升工作本领相结合，把思想和实际相结合，真正最大化发挥结构化研讨的作用，使学员在感动中实现自我认知，把焦裕禄精神作为一颗希望的种子，播撒在祖国大地上生根发芽、茁壮成长，从而使每一位学员都能成为焦裕禄精神的传承者和践行者。

第五节　课程效果

红色沉浸式课程《您好　焦裕禄》自推出以来，已为包括中共中央党校省部级班、厅局级班和县委书记班等各级各类培训班在内的2万余名学员进行了授课。特别是2023年7月26日—27日，《您好　焦裕禄》受国家广电总局邀请走进北京，在国家广电总局音乐厅连续授课三场，中央宣传部副部长、国家广电总局局长、党组书记曹淑敏及中央国家机关工委、国家广电总局等中央和国家机关有关部门、河南省委组织部、省委宣传部、开封市委等1000余名党员干部现场聆听，好评如潮。大家纷纷表示，这是一堂令人终生难忘的党性教育课。活动结束后，中央广播电视总台、新华网、旗帜网、党建网、共产党员网、中国共产党新闻网等多家媒体进行了深入报道，仅"学习强国"学习平台24小时点击量就高达300万人次。课程还先后前往中国延安干部学院、浙江红船干部学院等单位为4000余人实地教学12场，线上直播平台观看量达30余万人次。

在焦裕禄同志逝世60周年之际，为进一步学习弘扬焦裕禄精神，推动习近平新时代中国特色社会主义思想入脑入心，学院启动了"缅怀焦裕禄　讴歌新时代——全民思政全国'理论宣讲'"活动。一开年，《您好　焦裕禄》就受邀走进中央团校和国家教育行政学院，为1300余名领导干部及青年党员带来了一次学精神、树作风、强党性、鼓干劲的深刻洗礼。

体验过《您好　焦裕禄》的学员一致表示，这种课程形式新颖独特，沉浸式角色扮演、跨时空对话，从多个角度生动演绎了焦裕禄同志的光辉形象，让我们思考和感悟焦裕禄精神的时代价值和现实意义。通过情景教学、灵魂叩问和研讨教学，更是督促学员要大力坚持学习弘扬焦裕禄精神，以学促干，把学习成果落实到本职工作之中，高质量服务好党的宣传事业，为贯彻落实习近平新时代中国特色社会主义思想而不懈奋斗！

后　记

六十载光辉铭记，六十载深切缅怀。为什么每年慕名到兰考瞻仰焦裕禄烈士的人数以百万计，为什么焦裕禄精神能够跨越时空、历久弥新，为什么越是在干部队伍需要整肃、精气神需要提振的时候就越需要焦裕禄精神，我们一直在思索。在一遍遍重温《念奴娇·追思焦裕禄》中，在一次次重读焦裕禄的经典语录时，在一次次震撼心灵的沉浸式演绎中，我们似乎找到了答案。

正如2014年3月18日习近平总书记在河南省兰考县委常委扩大会议上的讲话："生命有限，很多英雄模范人物崇高精神的形成过程也是有限的，但形成了一种宝贵精神财富，是一个永恒的定格。焦裕禄精神，同井冈山精神、延安精神、雷锋精神、红旗渠精神等都是共存的。任何一个民族都需要有这样的精神构成其强大精神力量，这样的精神无论时代发展到哪一步都不会过时。"

本书作为"新时代焦裕禄精神的传承与弘扬系列丛书"之一，是以全国首创红色沉浸式课程《您好　焦裕禄》作为脚本，紧扣习近平总书记对焦裕禄精神的概括和总结，从如何弘扬、如何践行的角度，对焦裕禄精神做了一些新的解读和阐发，让焦裕禄精神深厚的思想精髓转化为鲜活的表现状态，让广大读者以一种耳目一新的方式重新认识焦裕禄。在全党上下深入学习贯彻习近平文化思想的热潮下，焦裕禄作为中国共产党典型宣传工作的成功范例，重学焦裕禄精神能给新时代的宣传思想文化工作提供一定的启发。

本书的编写得到了中共中央党校（国家行政学院）、河南省委组织部的大力支持，省委常委、组织部部长王刚给予指导，中共中央党校（国家行政学院）原副教育长王成志，中共开封市委书记、河南焦裕禄干部学院院长高建军亲自作序。河南省社科院、河南省委组织部干部教育处、开封市委等单位领导谋划指导，开封市委组织部部务委员、焦裕禄干部学院党委副书记、常务副院长文柏松具体部署，焦裕禄精神研究院研究员田野、廖海敏、孙立樵，院领导蔡治业、王留群提出了具体的修改意见。河南省社科院政治与党史党建研究所所长唐金培、河南省委党校副教授仲德涛、郑州大学新闻与传播学院教授刘宪阁、河南大学马克思主义学院副教授谷正、河南大学新闻与传播学院副教授冯媛媛进行了专业评审和修改提升。学院教学科研部主任明洋、教师张红参与通稿。各章编写具体分工为（以章为序）：李科梦、李小雨（第一章）；王蕾、郭胜华（第二章）；杜粉、杨林玉（第三章）；史非非、张静、朱梦莹（第四章）。

在本书编写过程中，我们充分参考了近年来学界发表的理论成果，并现场采访了诸多在院培训班的学员，在此，也对相关成果的作者、接受采访的党员干部以及提供支持与帮助的中国国际广播出版社表示诚挚的谢意！挂一漏万，不再一一致谢。由于时间和水平有限，书中难免有疏漏和不当之处，欢迎读者批评指正。

本书编写组

2024年3月

图书在版编目（CIP）数据

您好 焦裕禄：纪念焦裕禄同志逝世60周年 / 河南焦裕禄干部学院编著.— 北京：中国国际广播出版社，2024.3
ISBN 978-7-5078-5537-1

Ⅰ.①您… Ⅱ.①河… Ⅲ.①焦裕禄（1922-1964）—生平事迹 Ⅳ.①D263

中国国家版本馆CIP数据核字（2024）第062079号

您好 焦裕禄——纪念焦裕禄同志逝世60周年

编　　著	河南焦裕禄干部学院
策　　划	文柏松　张宇清
统　　筹	明　洋　张　红
策划编辑	刘　丽　李　卉
责任编辑	梁　媛
校　　对	张　娜
版式设计	王广福　邢秀娟
封面设计	王广福
出版发行	中国国际广播出版社有限公司［010-89508207（传真）］
社　　址	北京市丰台区榴乡路88号石榴中心2号楼1701 邮编：100079
印　　刷	北京启航东方印刷有限公司
开　　本	710×1000　1/16
字　　数	200千字
印　　张	12.5
版　　次	2024年5月　北京第一版
印　　次	2024年5月　第一次印刷
定　　价	68.00元